HISTOIRE
DE NAPOLÉON

RACONTÉE

AUX ENFANTS PETITS ET GRANDS

Paris. — Typographie LACRAMPE et Comp., rue Damiette, 2.

Parlez-nous de lui, grand'mère,
Parlez-nous de lui.

(BÉRANGER.)

HISTOIRE

DE

NAPOLÉON

RACONTÉE AUX ENFANTS PETITS ET GRANDS

PAR

LOUIS LURINE

ILLUSTRÉE DE 80 DESSINS DE MARKL GRAVÉS PAR BROUNOT

PARIS

G. KUGELMANN, ÉDITEUR

25, RUE JACOB

1844

I

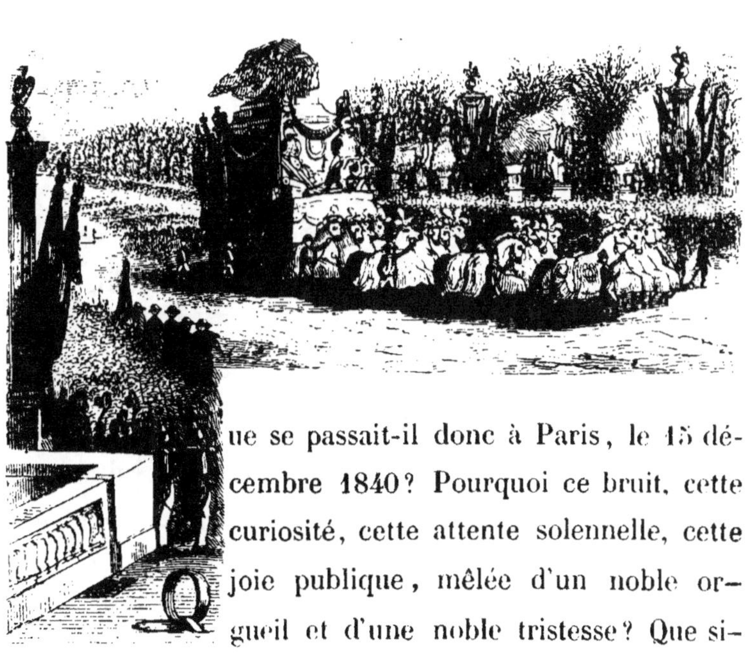

ue se passait-il donc à Paris, le 15 décembre 1840? Pourquoi ce bruit, cette curiosité, cette attente solennelle, cette joie publique, mêlée d'un noble orgueil et d'une noble tristesse? Que si-

gnifient tous ces passants, tous ces voyageurs incon-
nus, ces Français de toutes nos provinces, ces étrangers
de tous les pays, qui abondent ce jour-là, qui se pressent dans nos hôtels, dans nos maisons, dans nos promenades et dans nos rues? Que veulent tous ces hôtes de la
veille, revêtus de leurs plus beaux habits de fête, et qui
viennent chercher une place, à l'ombre de l'hospitalité
parisienne? Ne dirait-on pas que toute la France, ou plutôt, que l'Europe tout entière a pris à cœur de se faire
représenter chez nous et au milieu de nous?

A quoi bon tous ces trépieds étincelants, ces trophées
qui rappellent tant de grandes batailles, et ces statues qui
rappellent tant de grands hommes?

A quoi bon toutes ces colonnes triomphales, tous ces bas-
reliefs magnifiques, dont chaque figure est un héros et
chaque emblème une victoire?

Que va-t-on faire de ces candélabres enflammés, de ces
cassolettes où brûle l'encens, de ces bannières aux chiffres
mystérieux, de ce catafalque gigantesque, de ces draperies
veloutées, de ces tentures parsemées d'abeilles d'or, de ces
aigles symboliques, de ce manteau d'hermine, et de cette
couronne impériale?

Que va-t-on faire de ces milliers de soldats vivants qui viennent coudoyer les gloires mortes, et qui rêvent tout éveillés à un avenir de grandes choses, en se souvenant des grandes choses du passé?

Enfin, à quel propos, en l'honneur de quel homme ou de quelle idée, a-t-on élevé tout à coup, du soir au lendemain, une statue colossale, démesurée, immense, une statue qui représente l'Immortalité, c'est-à-dire la seule vie éternelle qui soit sur la terre : l'éternité du génie?

Vous savez, aussi bien que moi, la cause glorieuse de tout ce bruit, de cet appareil imposant, de cette fête patriotique : c'est un proscrit illustre qui touche la terre de France, c'est un soldat couronné qui sort de sa tombe, c'est un empereur qui revient dans cette patrie qu'il avait faite à son image ; c'est Napoléon Bonaparte qui reparait parmi nous, pour reposer, selon ses vœux, *sur les bords de la Seine, au milieu de ce peuple qu'il a tant aimé!*

C'est à une pareille solennité, à cette grande journée toute française, que j'ai dû l'honneur de connaître une excellente grand'mère, très-aimable et très-spirituelle, venue tout exprès à Paris pour assister aux funérailles de Napoléon : c'était une charmante personne de soixante-dix ans. qui regrettait l'Empire, l'Empereur et le temps passé! — Je l'appellerai tout simplement la bonne vieille.

La joie de cette pauvre femme, à propos du retour de Napoléon invisible, semblait tenir du ravissement, de l'ivresse, de la folie : elle parlait de cette cérémonie auguste, comme d'une expiation nationale qu'elle avait voulu voir et admirer, afin de mourir tout à fait heureuse, dans un accès d'enthousiasme, dans une véritable béatitude patriotique !

Elle babillait, la bonne vieille, elle pleurait, elle riait, en se souvenant : à la regarder et à l'entendre, l'on eût dit qu'il s'agissait pour elle de se rajeunir, de vivre il y a quarante ans, de se mêler encore à tous les héros, à toutes les fêtes, à toutes les batailles, à toutes les magnificences du Consulat et de l'Empire. Parfois, elle oubliait son grand âge et sa faiblesse, qui lui reprochaient la vivacité de ses sentiments et de ses paroles. Le matin de ce beau jour, le matin du 15 décembre, elle revêtit ses hardes les plus riches ; elle se para de ses bijoux les plus brillants ; elle prit, dans les trésors de sa mémoire, ses regards les plus doux, son sourire le plus aimable, sa voix la plus tendre, comme si elle eût dû assister, dans tout l'éclat de la jeunesse et de la beauté, à une revue impériale , dans la cour d'honneur des Tuileries !

Quand elle ne fredonnait pas une chanson de Béranger, la bonne vieille se plaisait à répéter les anecdotes, les épisodes qui se rattachaient, dans son esprit, à cette époque glorieuse de l'Empire qu'elle avait admirée, qu'elle avait adorée ; elle savait conter les histoires de ce temps-là avec un abandon rempli de douceur, de mélancolie, de larmes honteuses qui n'osaient pas couler devant le monde ; elle devisait à merveille, à ravir, du maître homérique et des personnages presque fabuleux qui ont figuré dans l'Iliade de l'Empire. Le soir, assise dans un large fauteuil, les yeux fixés sur une image de l'Empereur, au sein de sa famille, où elle était venue chercher, pour quelques jours, une petite place au foyer domestique, au milieu de ses enfants, de ses petits-fils , de ses amis de tous les âges, elle me rappelait cette autre bonne vieille que nous connaissons, que nous aimons tous, qui se plaît à confier ses souvenirs à la mémoire du peuple, et dont nous a parlé le plus noble, le plus généreux des poëtes.

A chaque mot, à chaque soupir, à chaque élan de son admiration et de son enthousiasme , elle s'écriait avec la chanson, avec la poésie, avec la raison populaire :

> On parlera de sa gloire,
> Sous le chaume, bien longtemps ;
> L'humble toit, dans cinquante ans,
> Ne connaitra plus d'autre histoire.
> Là, viendront les villageois
> Dire alors à quelque vieille :
> Par des récits d'autrefois,
> Mère, abrégez notre veille ;
> Bien, dit-on, qu'il nous ait nui,
> Le peuple encor le révère,
> Oui, le révère...

Et nous, bonnes gens, pauvres diables du peuple, enfants petits et grands qui l'écoutions en silence, tout fiers et tout confus, nous nous empressions autour d'elle, pour l'applaudir, pour la plaindre, pour la consoler, et surtout, pour lui dire sans cesse du geste, du regard et du cœur :

> — Parlez-nous de lui, grand'mère,
> Parlez-nous de lui !

— Mes enfants, nous disait la bonne vieille, depuis le jour où je le vis pour la première fois, il y a bien longtemps de cela, il y a des siècles, je m'efforçai de le suivre par la pensée, par l'imagination, dans toutes ses promenades triomphales à travers l'Europe, à travers le monde ; je suis

presque tentée de m'écrier, avec la vivandière de mon sublime chansonnier :

> Depuis les Alpes, je vous sers
> Je me mis jeune en route ;
> A quatorze ans, dans les déserts,
>   Je vous portais la goutte.
>
> J'ai pris part à tous vos exploits,
>   En vous versant à boire ;
> Songez combien j'ai fait de fois
>   Rafraîchir la victoire !...

Oui, il me semble que j'ai assisté, de près ou de loin, aux
triomphes du vainqueur de l'Italie et du conquérant de
l'Égypte ; à cette glorieuse époque,

> De quel éclat brillaient, dans la bataille,
> Ces habits bleus, par la victoire usés !
> La Liberté mêlait à la mitraille
> Des fers rompus et des sceptres brisés !
> Les nations, reines par nos conquêtes,
> Ceignaient de fleurs le front de nos soldats :
> Heureux celui qui mourut dans ces fêtes !
> Dieu, mes enfants, vous donne un beau trépas !...

Plus tard, je crois l'avoir vu encore, je crois l'avoir rencontré, au plus beau temps de sa puissance et de son génie, dans un cortége de soldats et de princes, qui le surnommaient en souriant, en pleurant de joie : Napoléon le Grand !

Mes enfants, dans ce village,
Suivi de rois, il passa ;
Voilà bien longtemps de ça...
Je venais d'entrer en ménage
A pied grimpant le coteau,
Où pour voir je m'étais mise,
Il avait petit chapeau,
Avec redingote grise ;
Près de lui, je me troublai...
Il me dit : Bonjour, ma chère,
Bonjour, ma chère...
— Il vous a parlé, grand'mère !
Il vous a parlé !

— Un matin, je le saluai de nouveau, du fond de mon cœur !... Il s'en allait, au milieu du peuple, le sceptre à la main et la couronne sur la tête ; une jeune femme, belle, brillante et couronnée, accompagnait l'Empereur : c'était l'Europe monarchique, l'Europe contre-révolutionnaire qui venait s'allier à un soldat heureux, à un enfant de la Révolution, sous les traits d'une archiduchesse d'Autriche !...

> L'an d'après, moi, pauvre femme,
> A Paris étant un jour,
> Je le vis avec sa cour :
> Il se rendait à Notre-Dame.
> Tous les cœurs étaient contents ;
> On admirait son cortége.
> Chacun disait : Quel beau temps !
> Le ciel toujours le protége !
> Son sourire était bien doux ;
> D'un fils Dieu le rendait père,
> Le rendait père.
> — Quel beau jour pour vous, grand'mere !
> Quel beau jour pour vous !

— Grâce à mes illusions, grâce aux mensonges de ma mémoire, je me souviens d'avoir entendu les premiers cris populaires, les premières acclamations d'orgueil et de joie, qui saluaient à Paris la naissance d'un enfant de France, l'héritier présomptif de la couronne du monde, le roi de Rome enfin, ce pauvre exilé de 1815, qui a pu dire, dans le langage du poëte, en s'adressant à un autre enfant de France :

> Je fus bercé par tes faiseurs

De vers, de chansons, de poëmes :
Ils sont, comme les confiseurs,
Partisans de tous les baptêmes.
Mon premier jour aussi fut beau ;
Point de Français qui n'en convienne.
Les rois m'adoraient au berceau...
Et cependant, je suis à Vienne !

Mais hélas ! les destins, les flots et les empires sont chan-
geants !... Ma pensée ne tarda point à voyager sur les
champs de bataille des deux campagnes de France ; je m'i-
magine que j'entendis un jour, un triste jour ! à demi cachée
derrière les pampres d'un village, le cliquetis des armes,
le piétinement des chevaux, les pas de cent mille soldats qui
s'en allaient à un terrible rendez-vous ; et soudain, je vis
apparaître un homme qui marchait près de moi, tout près de
moi ; il s'avança, les mains croisées sur sa large poitrine,
les yeux tournés vers le soleil qui se mourait à l'horizon :
c'était l'Empereur qui rêvait à la bataille suprême du lendemain.....

.... Quand la pauvre Champagne
Fut en proie aux étrangers,
Lui, bravant tous les dangers,
Semblait seul tenir la campagne.

Un soir, tout comme aujourd'hui
J'entends frapper à la porte ;
J'ouvre... Bon Dieu ! c'était lui,
Suivi d'une faible escorte.
Il s'asseoit où me voilà,
S'écriant : Oh ! quelle guerre !
    Oh ! Quelle guerre !
— Il s'est assis là, grand'mère !
    Il s'est assis là !

— Et le lendemain, l'aigle impérial, ayant repris son vol, sentit fléchir ses ailes et retomba dans le sang, qui est la poussière des batailles ! L'Empereur fut vaincu, mes enfants ; et comme après la mort d'Alexandre et de Charlemagne, les sujets couronnés redevinrent des rois, et tous les nains de l'Europe se prirent à tailler un manteau royal dans la pourpre immense d'un grand homme.....

Voyant qu'Achille succombe,
Ces mirmidons, hors des rangs,
Disent : Dansons sur sa tombe,
Les petits vont être grands !
De son habit de bataille,
Qu'ont respecté les boulets,
A dix rois de notre taille
Faisons dix habits complets !...

Il partit bien loin... je ne sais où... Il disparut avec
l'orage... Et jamais l'Empereur vivant n'a revu la France !
On se demanda bien longtemps, dans le monde : Où est-il ?
que fait-il ? vit-il encore ? il reviendra !

> . . . . Mais à sa perte
> Le héros fut entraîné ;
> Lui, qu'un pape a couronné,
> Est mort dans une île déserte.
> Longtemps aucun ne l'a cru ;
> On disait : Il va paraître ;
> Par mer, il est accouru ;
> L'étranger va voir son maître !
> Quand d'erreur on nous tira,
> Ma douleur fut bien amère,
> Fut bien amère !...
> — Dieu vous bénira, grand'mère,
> Dieu vous bénira. —

La bonne vieille baissa la tête, et se mit à pleurer ; chacun
voulut respecter son silence... Mais un enfant s'avança
tout doucement vers elle... il la tira par le bout de son man-
telet... il lui dit, en montrant l'image de l'Empereur :

> Parlez-nous de lui, grand'mère,
> Parlez-nous de lui !

Et tout l'auditoire se prit à répéter, avec l'enfant :

> Parlez-nous de lui, grand'mère,
> Parlez-nous de lui !

—Bonté du ciel ! s'écria la bonne vieille, il vous plaît d'entendre, de mes lèvres tremblantes, l'histoire entière, l'histoire immense, l'histoire merveilleuse de mon Empereur et de mon Dieu ?... Soit ; écoutez-moi donc ! je vais vous parler avec plus de sentiment que d'esprit : il vaut mieux sentir que penser ! Si j'écrivais une pareille histoire, je voudrais l'écrire pour ceux qui lisent et qui comprennent avec le cœur. O mes enfants ! vous l'apprendrez plus tard, aux dernières paroles de mon récit :

> Vos pères ont eu bien des peines ;
> Comme eux, ne soyez point trahis.
> D'une main, ils brisaient leurs chaines ;
> De l'autre, ils vengeaient leur pays.
>   De leur char de victoire,
>   Tombés sans déshonneur,
>   Ils vous lèguent leur gloire :
>   Ce fut tout leur bonheur !

La bonne vieille nous regarda longtemps, sans mot dire ;

elle sembla se recueillir dans une contemplation intérieure,
qui était sans doute le spectacle des grandes choses dont elle
se souvenait ; enfin, elle commença ainsi, en souriant à son
auditoire :

HISTOIRE DE NAPOLÉON

RACONTÉE

AUX ENFANTS... PETITS ET GRANDS.

II

ans cent ans, la vie de mon héros res—
semblera à un conte de fées ; les his—
toriens pourront dire, au début d'une
pareille histoire populaire : — « *Il y
avait une fois un grand prince, un*

*grand roi, un grand empereur, qui se nommait Napo-
léon.... »*

Et le conte merveilleux continuera son train poétique.

Si la famille Bonaparte avait encore besoin de s'enorgueillir de son ancienne noblesse, pour être ou pour paraître
quelque chose dans le monde, les titres nobiliaires ne man-
queraient point à son orgueil ; jugez : la famille Bonaparte,
de race patricienne, est toute remplie, depuis le quatorzième
siècle, de souvenirs glorieux, de traditions héroïques, d'illustrations éclatantes. Elle a brillé à Florence ; elle a commandé jusque dans le palais des Médicis ; elle a régné dans
Trévise ; et s'il vous plaît de feuilleter le *Livre d'or* de Bologne, vous y découvrirez sans peine, à la plus belle place,
à la place d'honneur, le nom et les armoiries de la famille
Bonaparte.

Au quinzième et au seizième siècle, les Bonaparte, qui
sont déjà nobles, s'ennoblissent encore dans les lettres, dans
la guerre et dans la politique. Jacques Bonaparte écrivit, à
Rome, une histoire remarquable par le talent littéraire et
par l'impartialité historique ; Nicolas Bonaparte fut un des
plus célèbres légistes de l'université de Pavie ; l'on assure
qu'un Bonaparte a offert au siècle de la Renaissance une des

plus charmantes comédies italiennes ; Napoléon des Ursins, qui a légué son prénom au cadet des enfants mâles de cette illustre famille, fut à la fois un général plein de bravoure et un soldat plein de génie ; enfin, c'est là une grande maison qui a donné un souverain pontife à la sainte monarchie de Saint-Pierre : le pape Paul V était le fils d'une Bonaparte.

Voilà les titres de noblesse de Napoléon : généalogistes, en avez-vous assez ?...

Plus tard, quand il gouvernera la France et l'Europe, les Chérin et les d'Hosier de la cour, de l'armée et de la ville s'efforceront de planter, dans le palais de l'Empire, un arbre généalogique dont les rameaux d'emprunt iront toucher je ne sais plus quelle couronne d'une ancienne royauté du Nord ; la statuaire et la peinture ressusciteront, sur la toile et sur le marbre, les ancêtres imaginaires du nouvel empereur ; les poëtes chanteront à l'envi l'ancienneté souveraine des Bonaparte ; les rois eux-mêmes prendront la peine de vanter la noblesse presque royale de leur vainqueur et de leur maître ; mais Napoléon répondra, avec un dédaigneux sourire, à tous ces flatteurs de sa famille, généraux, savants, hommes d'État, monarques ou artistes :

— J'aime mieux être le fondateur que le descendant

d'une race illustre : ma noblesse ne date que de Marengo !

Après tout, mes enfants, que nous importe l'origine, noble ou roturière, de Napoléon Bonaparte?

> Le premier de nos rois fut un soldat heureux :
> Qui sert bien son pays n'a pas besoin d'aïeux !

« Un homme élevé à l'empire par son génie et son courage n'a plus de parents : on songe à son pouvoir, et non pas à son extraction. Aurélien était fils d'un maréchal de village, Probus d'un jardinier, Dioclétien d'un esclave, Valentinien d'un cordier ; ils furent tous respectés. Le Sforce qui conquit Milan était un paysan ; Cromwell, qui assujettit l'Angleterre et fit trembler l'Europe, était un simple citoyen ; Mahomet avait été un garçon marchand ; Samon, premier roi d'Esclavonie, était un marchand français ; le fameux Piart, dont le nom est si révéré en Pologne, fut élu roi ayant encore aux pieds ses sabots, et il a vécu respecté jusqu'à cent ans. Que de princes, de généraux et de ministres roturiers ! Je ne méprise pas le sang des nobles, mais j'aime encore plus le mérite. »

Ce n'est pas moi qui vous parle ainsi, mes enfants.... c'est Frédéric le Grand !

Lorsque l'heure providentielle fut venue, Dieu arma, contre les Bonaparte de Florence, des envieux, des ennemis, qui les obligèrent à se réfugier dans une ville de l'État de Gênes. Les Bonaparte avaient toujours défendu la liberté de leur pays, de cette belle et malheureuse Italie, qu'un Bonaparte devait conquérir et rendre libre, à la fin du dix-huitième siècle; les proscrits de Florence dont je parle étaient encore Italiens : il leur fallait devenir Français; et Dieu les poussa, de sa main invisible, jusque dans une petite ville de la Corse, parce que la Corse allait être une province française.

En 1769, Charles Bonaparte, qui avait combattu avec Paoli pour l'indépendance nationale, était le chef d'une des familles les plus puissantes du pays. Sa femme se nommait Lætitia Ramolino : c'était une noble personne, également admirable par le caractère et par la beauté; après avoir eu l'honneur de défendre la liberté les armes à la main, Lætitia Ramolino aura la gloire de donner le jour à huit enfants qui presque tous porteront une couronne royale.

En 1769, moitié vaincue, moitié conquise, aussi impatiente du joug des Génois que de la domination des Anglais, la Corse se décida à crier : Vive la France ! Paoli disparut avec le drapeau de la liberté nationale ; grâce à la prévoyante sagesse de l'archidiacre Lucien, Charles Bonaparte et Lætitia Ramolino résolurent de rester fidèles à la cause française. — Nous sommes en 1769 ; la Corse n'appartient plus ni aux Génois ni à l'Angleterre ; elle appartient à la France, et le futur Empereur des Français peut venir ! Attendez un peu : Napoléon n'est pas loin.

III

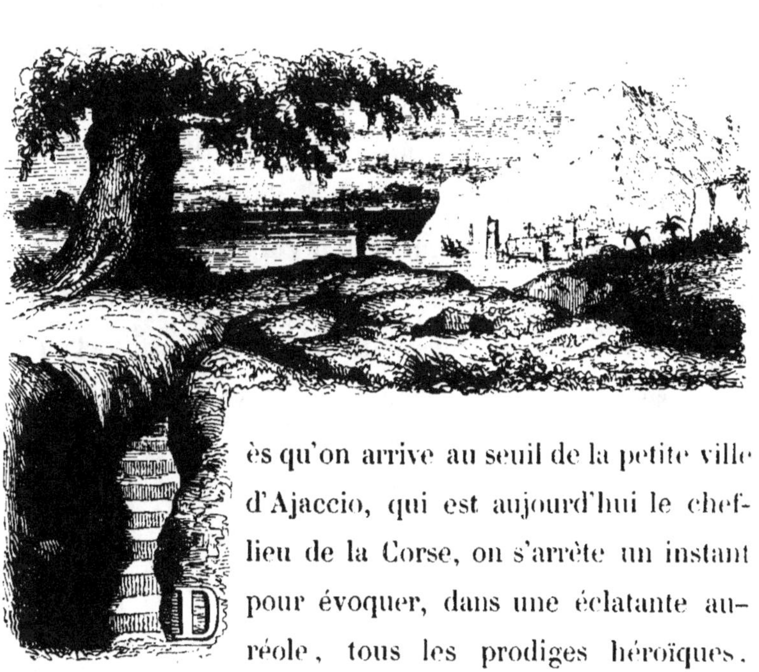

ès qu'on arrive au seuil de la petite ville d'Ajaccio, qui est aujourd'hui le chef-lieu de la Corse, on s'arrête un instant pour évoquer, dans une éclatante auréole, tous les prodiges héroïques.

toutes les vicissitudes merveilleuses de la grande odyssée impériale.

Le voyageur empressé, qui visite la vieille cité d'Ajax et de Bonaparte, ne demande à voir ni le golfe, ni la citadelle, ni la cathédrale, ni l'église grecque : il se dirige vers la rue Saint-Charles ; il cherche la petite place Lætitia, et il entre, ou plutôt il se précipite dans une modeste maison, dans une salle mystérieuse qui vit naître l'empereur Napoléon.

Si le voyageur a le sentiment des grandes choses, il se souvient, il se découvre, et il s'incline avec respect : tout lui semble magnifique, splendide, admirable, dans cette chambre ravagée par le temps et par la curiosité anglaise, ces deux infatigables faiseurs de sacriléges ; il admire les traces d'une ancienne tenture qui décorait le lit de Lætitia Ramolino ; il admire une misérable commode, surmontée d'une table en marbre, des fauteuils et des chaises délabrés qui appartenaient autrefois au mobilier de la famille Bonaparte. Chose étrange ! le voyageur daigne à peine prendre garde, dans cette illustre maison, à un portrait du grand homme, qui est un chef-d'œuvre de Gérard : il préfère au spectacle de cette belle peinture la moindre relique napoléonienne, un rien qui lui rappelle les premiers pas du noble enfant d'Ajaccio, par exemple un petit canon de bronze qui servit aux jeux sévères de l'enfance de Napoléon.

Napoléon Bonaparte naquit le 15 août 1769 : ce jour-là, à midi, madame Lætitia voulut se rendre à l'église pour assister aux solennités religieuses de l'Assomption, mais elle se hâta de regagner sa demeure ; et, trop faible, trop souffrante pour arriver jusque dans sa chambre à coucher, elle déposa son enfant, son nouveau-né, sur le tapis du salon, sur un de ces tapis antiques dont le dessin représente les dieux de la Fable et les héros de l'Iliade : permettez-moi de vous dire que Napoléon vint au monde dans le camp du roi des rois, aux pieds de Minerve, sur le bouclier d'Achille.

Le préjugé de l'enthousiasme populaire a toujours célébré l'intervention des prodiges et des enchantements, dans la naissance des grands hommes de tous les pays et de tous les siècles : pourquoi n'y aurait-il pas quelque chose de mystérieux, quelque chose de surnaturel, autour du berceau de Napoléon Bonaparte?

La gloire est une religion, mes enfants, et toutes les religions commencent par un mystère : eh bien ! dans la soirée du 15 août 1769, au fond de cette chambre que vous avez vue, et qui était celle de Lætitia Ramolino, des génies bienfaisants, des puissances surhumaines, des fées secourables, daignèrent venir présider à la naissance de ce futur Empereur qui sommeillait, en pleurant, dans les bras de sa mère.

Mes enfants, les fées ne font jamais rien à demi; elles sont toutes bonnes ou toutes sévères, excellentes jusqu'au dévouement le plus aveugle ou perfides jusqu'à la cruauté la plus affreuse; elles appartiennent tour à tour au ciel et à la terre; elles volent ou elles marchent; elles portent une baguette ou une massue; elles caressent ou elles tuent; elles procèdent avec nous comme des divinités ou comme des femmes.

Les fées, qui voulaient doter Napoléon, se montrèrent tout à fait divines : elles laissèrent tomber, de leurs belles mains prodigues, dans le berceau de leur bienheureux protégé, une véritable pluie féerique dont chaque goutte d'or était un talent, une gloire, une puissance, une richesse. Elles adressèrent ainsi leurs adieux à l'enfant impérial qu'elles avaient inspiré :

— Tu seras général, et tu conquerras l'Italie et l'Égypte à vingt-sept ans !

— Tu seras consul, c'est-à-dire le premier citoyen d'une grande nation !

— Tu seras empereur !

— Tu rétabliras en France l'ordre, la justice et la religion !

— Tu seras le protecteur généreux des arts, des sciences et de l'industrie !

— Tu seras l'ami des peuples et le roi des rois !

— Tu seras le maître de l'Europe !

— Tu seras grand comme le monde !...

Par malheur, ô mes enfants ! si Napoléon venait de recevoir, de ses protectrices, les présents les plus magnifiques, il reçut aussi en naissant, d'une influence rivale, d'une autre puissance mystérieuse, une menace qui ne signifiait rien moins que l'infortune éclatante d'un grand homme ou la chute d'un demi-dieu !

L'impitoyable fée dont je parle ressemblait, je ne sais comment, à cette vieille reine d'Angleterre qui a nom Elisabeth ; elle dit à l'enfant qui commençait à sourire :

— Adieu, Prométhée !...

Oui, la fée anglaise avait raison : un homme, sorti du peuple, s'efforcera de dérober le secret de leur royauté quasi-divine à tous les petits dieux de l'Olympe monarchique ; un jour, dans le monde des traditions populaires, le mont Athos ne sera pas loin du rocher de Sainte-Hélène ; l'Angleterre jouera le rôle de la vengeance ; Napoléon se nommera Prométhée, et le vautour de la Fable prendra les apparences d'un homme… je me trompe… les apparences d'un Hudson Lowe !

Les fées sont parties ; parlons de Dieu, mes enfants ! Napoléon fut baptisé, deux ans après sa naissance, le 21 juillet 1771 ; la cathédrale d'Ajaccio a conservé, comme une relique précieuse, les fonts en marbre qui servirent au baptême du jeune Bonaparte ; certes, l'Église ne devinait guère, ce jour-là, dans le nouveau chrétien, l'homme d'État qui devait, trente ans plus tard, traiter de puissance à puissance avec la royauté divine du Saint-Père, choisir des évêques, improviser un cardinal dans sa famille, présider aux nouvelles libertés de l'Église de France, et se faire couronner par un pape !

L'enfance de Napoléon n'a pas d'histoire, mais elle a un caractère : à dix ans, Napoléon ne joue plus, il s'occupe ; il ne se promène plus, il rêve en marchant ; quand il feuillette un livre, il ne lit pas, il étudie. A dix ans, il est pressé de vivre, et au lieu de sentir, il pense ! Quand on lui demande, avec une sorte d'admiration pour son intelligence précoce, par quel moyen il a compris ce qui est incompréhensible à son âge, il répond avec une singulière profondeur :

Il n'était véritablement enfant que pour l'aimer et lui obéir.

— En y pensant toujours !

Et il répète ainsi, sans le savoir, une parole de Newton.

S'il dédaigne les jeux qui charment l'enfance, le jeune Bonaparte doit mépriser les leçons écrites qui instruisent les enfants : il a horreur des fables et des contes ; il aime à s'entretenir avec les princes et les maîtres de l'histoire ; il se plaît à vivre avec les beaux parleurs de Tite-Live, avec les héros de Tacite, avec les grands hommes de Plutarque ; lorsqu'il sera devenu lui-même un personnage historique, il aura peur tout à coup des leçons de l'histoire, et il se prendra d'une belle passion pour les caprices de la fable, pour Homère et pour Ossian.

Dans Napoléon enfant, l'esprit, le cœur et le corps appartiennent déjà à un homme : il adore l'étude, il ne craint pas la fatigue, et il brave le danger.

A l'âge dont je parle, Napoléon n'était véritablement petit que pour s'agenouiller aux pieds de sa mère ; il n'était véritablement un enfant que pour l'aimer et pour lui obéir ; il n'était faible et crédule que pour plaire à sa nourrice, quoiqu'elle fût bien laide, la pauvre femme !

Cette bonne nourrice, nommée Sévéria, est morte il y a peu d'années, dans la maison et dans l'intimité de l'impératrice Lætitia, à Rome : quel échange de plaintes et de regrets touchants, d'éloges et de souvenirs douloureux, entre ces deux femmes qui furent les deux mères de Napoléon !

Les biographes ont cherché, dans l'enfance de Bonaparte, des faits, des accidents, des aventures extraordinaires : ils y ont trouvé, en les imaginant peut-être, deux ou trois épisodes, presque indignes de la biographie de l'illustre enfant. Dans les premières années de Napoléon, les anecdotes n'appartiennent qu'à la vie secrète de l'intelligence : ce sont des idées.

En revanche, les biographes ont oublié de recueillir un mot vrai, un mot charmant, qui est un trait d'esprit et un trait de caractère. A l'exemple de sa noble famille, le jeune Bonaparte adorait la France : bras, tête et cœur, tout était français en lui ; il n'avait d'étranger que l'accent italien de son langage :

— Laisse là mon accent ! disait-il quelquefois à son frère Joseph ; j'ai des lèvres françaises qui daignent se souvenir de l'Italie... mais cet accent n'est pas le mien : il est à ma nourrice.

En 1777, un peu plus tôt, un peu plus tard, un enfant sortait chaque matin de la ville d'Ajaccio : il se glissait, tout près du golfe, jusque sur un plateau couronné de cactiers, d'amandiers et d'oliviers ; il pénétrait mystérieusement dans une grotte immense, formée par trois grandes masses de granit, et dont le fond était couvert de mousse et de lierre : cet enfant, qui se recueillait ainsi à l'ombre et dans le silence, se nommait Napoléon Bonaparte.

L'intelligence donne des passions : l'enfant prédestiné se passionna tout à coup pour les magnificences d'un monde qu'il ne connaissait pas encore, et qu'il cherchait à deviner. Souvent, à demi couché dans cette grotte de granit dont je vous ai parlé, Napoléon regardait bien loin au delà des maisons blanches et du golfe d'Ajaccio ; et lui qui ne savait rien ni de la liberté ni de la richesse, il demandait à un mystérieux avenir, caché derrière les nuages de l'horizon, l'indépendance et la fortune dans le travail.

Oui, dans un âge où l'on ne sent d'ordinaire que les petits désirs, les petits soins, les petites douleurs, Napoléon avait le sentiment, la curiosité et l'envie des grandes choses ! Dans le monde de l'histoire ou dans le spectacle de la nature, il se laissait aller à des contemplations qui tenaient de l'extase ; tout ce qui était beau, tout ce qui était distingué, tout ce qui était illustre, tout ce qui était immense, faisait battre son cœur. Au milieu des splendeurs naturelles qui l'environnaient, en rayonnant de toutes parts, il se prenait à franchir d'un seul bond la terre tout entière; et la nuit, lorsqu'il reposait dans sa petite chambre, la folle du logis daignait illuminer le ciel de son lit, et les merveilles qu'il avait vues, les merveilles qu'il avait rêvées, apparaissaient encore devant lui pour l'empêcher de dormir!

Un matin, par une des premières journées du mois de mai, Napoléon se mit à courir dans la campagne, pour contempler, dans ses moindres détails, la tâche céleste, le travail mystérieux de cet artiste admirable, de ce magicien infaillible que l'on appelle le soleil. Il s'en allait çà et là, épiant à chaque pas, admirant à plaisir les plantes, les gazons luxueux qui commençaient à verdoyer, les arbustes et les arbres qui se préparaient à recevoir leur parure de feuillage et de fruits, les fleurs qui allaient s'épanouir en entr'ouvrant leurs cassolettes de parfums, les insectes brillants qui étincelaient déjà dans l'herbe, les papillons qui s'apprêtaient à redorer leurs ailes, les oiseaux de la veille qui essayaient de s'envoler et de chanter, enfin tout ce qui naît, mes enfants, tout ce qui brille, tout ce qui embaume, tout ce qui verdoie, tout ce qui vole, tout ce qui chante, avec le retour du printemps.

Après une longue course aventureuse, après un long accès d'admiration et d'enthousiasme, Napoléon se disposait à regagner sa demeure, lorsque tout à coup il vit tomber, au milieu d'un maquis, je ne sais quel oiseau, un oiseau blessé à mort, qui se roula dans la poussière et qui vint mourir aux pieds de l'enfant : c'était un aigle !

O miracle ! l'aigle d'Ajaccio renaîtra de ses cendres, comme le phénix, et vous le verrez tomber une dernière fois, aux pieds d'un empereur !

Charles Bonaparte ne comptait que sur le glorieux avenir de son fils cadet, pour redorer le blason de sa famille.

L'archidiacre Lucien murmurait, à son heure suprême, en montrant Napoléon à ses frères et à ses sœurs : Mes enfants, voici votre chef !

Madame Lætitia s'écriait un jour, en posant la main sur le front de ce grand homme de dix ans : Il y a un dieu là !

M. de Marbœuf, gouverneur de la Corse, était de l'avis de madame Bonaparte. Il voulut faire quelque chose pour la fortune de ce petit génie aux cheveux plats ; et grâce à l'influence de son nouveau protecteur, *M. Napoléon de Bonaparte, écuyer*, entra à l'école militaire de Brienne le 25 avril 1779.

En se rendant avec son père à l'école de Brienne-le-Château, Napoléon ne cessa de lire et de relire cent fois un livre qui n'était pas fait pour le distraire des ennuis du voyage : il étudiait la grammaire de **M.** Lhomond, comme s'il eût voulu donner à son langage une dernière leçon de français, au moment d'aller s'asseoir sur les bancs d'une école française.

Et maintenant, sortons de la ville d'Ajaccio, sur les pas de Napoléon Bonaparte : bientôt, mes enfants, nous trouverons par toute la terre les traces glorieuses qu'il a laissées, à chaque étape de son sublime voyage.

IV

NAPOLÉON A L'ÉCOLE DE BRIENNE

ET A L'ÉCOLE MILITAIRE DE PARIS

e le disais bien : la vie anecdotique est si
peu de chose dans l'enfance de Napoléon,
qu'il me faut emprunter, bon gré mal gré,
deux ou trois petites anecdotes aux cent
biographes de l'écolier de Brienne.

Toutes les biographies racontent l'histoire des *Boules de neige*, l'histoire de l'*Habit de bure*, l'histoire de la première composition littéraire de Napoléon, une fable intitulée : *le Chien, le Lapin et le Chasseur*.

Voici d'abord cette fable du La Fontaine de l'école de Brienne :

> César, chien d'arrêt renommé,
> Mais trop enflé de son mérite,
> Tenait, arrêté dans son gîte,
> Un malheureux lapin de peur inanimé.
> Rends-toi! lui cria-t-il, d'une voix de tonnerre
> Qui fit au loin trembler les peuplades des bois;
> Je suis César, connu par ses exploits,
> Et dont le nom remplit toute la terre.
> A ce grand nom, Jeannot lapin,
> Recommandant à Dieu son âme pénitente,
> Demande d'une voix tremblante :
> Très-sérénissime mâtin,
> Si je me rends, quel sera mon destin?
> — Tu mourras! — Je mourrai!... dit la bête innocente,
> Et si je fuis? — Ton trépas est certain.
> — Quoi! reprit l'animal qui se nourrit de thym,
> Des deux côtés, je dois perdre la vie?...
> Que votre illustre seigneurie
> Veuille me pardonner, puisqu'il me faut mourir,

Si j'ose tenter de m'enfuir... —
Il dit, et fuit en héros de garenne.
Caton l'aurait blâmé : je dis qu'il n'eut pas tort,
Car le chasseur le voit à peine,
Qu'il l'ajuste, le tire ... et le chien tombe mort!...
Que dirait de ceci notre bon La Fontaine?
Aide-toi, le Ciel t'aidera !
J'approuve fort cette morale-là.

Aide-toi : le ciel t'aidera!... Chez Bonaparte officier, général, Consul, Empereur, la volonté sut toujours aider le génie, et le Ciel aida Napoléon.

L'écolier de Brienne a déjà composé une fable : notre héros écrira, dit-on, une histoire; sa vie tout entière sera un poëme épique.

Le premier plan d'attaque et de défense de Napoléon fut exécuté dans la cour de l'école de Brienne : les soldats étaient des écoliers; les retranchements, les bastions et les redoutes étaient des blocs de glace; les boulets de canon étaient des boules de neige : l'ingénieur des assiégeants et des assiégés, le général qui commandait tour à tour aux deux troupes ennemies, se nommait Bonaparte; il n'avait accepté ce double commandement qu'à la condition de terminer la campagne par une victoire éclatante, à la tête de l'armée française : ce fut là une condition qui allait présider bien longtemps à toutes les tentatives héroïques de Napoléon.

La petite guerre aux boules de neige dura dix-neuf jours : la fortune de Bonaparte devait durer dix-neuf ans. Dans sa campagne de Brienne, il commença par assiéger une place : dans sa carrière militaire, sous la République, il devait débuter par le siége de Toulon. Il étonna les élèves et les maîtres de l'école par les ressources imprévues de son intelligence : il devait étonner les peuples et les rois par les merveilles inépuisables de son génie. Un peu de pluie et un coup de balai firent disparaître les redoutes conquises par le petit général : un coup de canon et un peu de sang devaient emporter les conquêtes du grand homme. Enfin, les glaces d'un hiver rigoureux ont joué un rôle dans les premières et dans les dernières années de la vie publique de Napoléon.

Un professeur de Brienne, qui se nommait Pichegru, avait approuvé les plans stratégiques de son jeune élève : plus tard, le maître, devenu général par la grâce de la Révolution, conquit la Hollande : l'écolier, devenu empereur des

Français par la grâce du peuple, s'avisa de conquérir le monde.

Plusieurs *soldats* de Brienne furent maltraités, à l'attaque et à la défense d'une forteresse ; Bourrienne, qui combattait Napoléon, reçut une blessure assez grave : il avait été blessé à coups de boules de neige, et trente ans après la bataille, il se vengea de son ancien camarade, à coups de *Mémoires*.

La gravité, la tristesse, la sévère intelligence de Bonaparte avaient inspiré à toute l'école un sentiment d'admiration qui n'excluait ni la jalousie ni la crainte ; bientôt, il sut gagner l'estime, la sympathie, l'amitié de ses condisciples, par un trait d'obstination ou d'orgueil qui ne manque ni de sensibilité ni de grandeur.

Malgré son respect pour la discipline, Napoléon commit un jour une faute contre les règles de l'école ; le maître de quartier le condamna sans pitié à porter, pendant le dîner, un habit de pénitence que l'on appelait l'*habit de bure*, et à s'agenouiller au milieu du réfectoire.

« Monsieur, lui dit Bonaparte d'une voix tremblante à force d'émotion, à force de colère, j'ai dépouillé par votre ordre l'uniforme de l'école, et un pareil châtiment doit vous suffire.

« — A genoux ! monsieur de Bonaparte... vous dînerez à genoux ! s'écria le maître de quartier.

— Je dînerai debout ! répliqua l'élève ; dans ma famille, on ne s'agenouille que devant Dieu ! »

A ces mots, le pauvre enfant se prit à trembler et à pleurer ; le maître osa porter la main sur lui, comme pour le forcer de s'agenouiller... mais Bonaparte poussa un cri terrible, et il tomba évanoui au milieu du réfectoire, en murmurant : Devant Dieu, devant Dieu !

Jugez, mes enfants, s'il lui répugnait déjà de s'humilier devant les hommes !

Le père Patrault, un des professeurs de Napoléon, se plaignit au directeur de ce brutal personnage qui avait voulu dégrader le premier mathématicien de l'école ; on désapprouva le système disciplinaire du maître de quartier, et dès ce moment, aucun élève de Brienne ne fut plus condamné à la peine humiliante qui avait tant désolé Bonaparte.

Le 17 octobre 1784, Napoléon monta dans le coche de Nogent-sur-Seine pour se rendre à Paris, à l'école militaire ; il quitta Brienne avec le secret de ses espérances, mais sans deviner, hélas ! qu'il y reviendrait un jour avec

A genoux ! monsieur de Bonaparte..... — Dans ma famille,
on ne s'agenouille que devant Dieu.

des milliers de soldats, pour y défendre l'honneur de sa couronne et l'indépendance de son pays.

A cette époque, le professeur Léguille, et M. de Kéralio, inspecteur-général, écrivirent deux notes officielles sur le compte du jeune Bonaparte; M. de Kéralio s'exprimait ainsi :

« Caractère soumis, honnête, reconnaissant. Conduite « très-régulière. Il s'est toujours distingué par son applica- « tion aux mathématiques. Il sait très-passablement son his- « toire et sa géographie. Il est assez faible pour les exercices « d'agrément et pour le latin, où il n'a fait que sa quatrième. « Ce sera un excellent marin. »

M. Léguille disait tout simplement :

« Corse de nation et de caractère; il ira loin, si les cir- « constances le favorisent. »

Les derniers mots de l'inspecteur-général étaient une er- reur bienveillante; le jugement du professeur était une véri- table prédiction.

Le directeur de l'école militaire de Paris reçut, de Brienne, à propos du jeune Bonaparte, une troisième note qui ne contenait que trois mots : « Dominant, impérieux, entêté. »

Et Napoléon ne tarda point à montrer à ses nouveaux

maîtres et à ses nouveaux camarades ce qu'il y avait de puissance, de hauteur et d'obstination dans son caractère.

Il s'obstine à mépriser les amusements, les plaisirs frivoles de son âge, et il ne veut se distraire de l'étude que par des études nouvelles.

Élève, au milieu de nombreux condisciples, il se plaît à s'isoler dans l'école : il parvient à faire, de ses camarades, des inférieurs, et de ses amis de véritables courtisans.

Il a l'orgueil de ne ressembler à personne ; il se croit assez habile pour critiquer les choses, et assez sage pour fronder les hommes.

Dans ses leçons historiques, il ne raconte pas l'histoire : il s'avise de la juger.

Ses compositions littéraires font dire au professeur Domairon : C'est du granit chauffé au volcan.

Lorsqu'il s'agit d'apprendre la langue allemande, il s'écrie avec une mystérieuse prévision de l'avenir : Je l'apprendrai plus tard, chez les Allemands !

Quand on lui reproche tout doucement l'excès de son zèle et de son travail dans l'étude des mathématiques, il répond à ses professeurs et à ses amis : N'oubliez pas que le monde a été créé en six jours ! — Dieu, lui disait-on, se reposa le septième ; reposez-vous le dimanche. — Est-ce que j'ai créé un monde ?

Lorsque l'archevêque de Paris le confirme, à l'école militaire, en faisant observer que le nom de Napoléon ne se trouve pas dans le calendrier, Bonaparte répond au prélat : Monseigneur, l'Église est si riche, qu'il y a plus de saints dans le martyrologe que de jours dans l'année.

A seize ans, Napoléon osa rédiger, à l'adresse de ses supérieurs, un mémoire qui était une critique violente du régime, de la tenue aristocratique de l'école militaire de Paris, fondée par Louis XV : le jeune réformateur se moquait du luxe et des futilités mondaines de ce magnifique établissement royal ; il lui reprochait, avec un singulier mépris, ses plans d'éducation, qui faisaient des gentilshommes et non pas des soldats ; il demandait la suppression des domestiques, des repas à deux services, des manéges, des chevaux et des écuyers de parade ; il réclamait pour ses camarades, qu'il n'avait point consultés, le droit de manger du pain de munition, le droit de battre leurs habits, de nettoyer leur chaussure, de se suffire à eux-mêmes, et de faire ainsi l'apprentissage du service militaire.

Le mémoire de Bonaparte déplut au chef de l'école : il ne

pouvait ni entrevoir ni deviner, dans un pareil travail, la future organisation des belles écoles de la Flèche, de Fontainebleau, de Saint-Germain et de Saint-Cyr.

Parmi les jeunes élèves qui obéissaient le plus volontiers à l'irrésistible influence, au caractère impérieux, au génie naissant de Bonaparte, je puis vous nommer Lariboissière, Sorbier, d'Hédouville, Rolland de Villarceaux, Marescot, de Bussy et Desmazis ; tous, ils sont devenus quelque chose par la volonté de l'Empereur, en continuant à obéir à leur ancien camarade de l'école militaire.

Après un brillant examen, qui lui avait valu l'approbation du savant Laplace, Bonaparte fut nommé, le 1er septembre 1785, lieutenant d'artillerie au régiment de La Fère. Sans doute, il manqua, ce jour-là, quelque chose au bonheur et à l'orgueil du jeune officier : Charles Bonaparte venait de mourir, sans avoir salué la première épaulette de son glorieux enfant !

Vingt ans plus tard, le 2 décembre 1804, le jour de son couronnement à Notre-Dame par les mains du pape Pie VII, Napoléon, revêtu de son manteau impérial, la main sur le pommeau de son épée qui portait *le Régent*, le plus beau diamant de la couronne de France, disait à son frère aîné, en versant des larmes sublimes : Joseph, si notre pauvre père nous voyait !

Noble orgueil, noble regret, qui associaient la mémoire de Charles Bonaparte à la grandeur et à la gloire de ses enfants !

La mère de Napoléon, madame Lætitia, resta veuve, à l'âge de trente ans ; mais qu'importe ? ne plaignons pas la noble veuve d'Ajaccio ; elle est la mère de huit enfants qui joueront un beau rôle sur le théâtre du monde : Joseph, qui sera roi de Naples, et puis roi d'Espagne ; Lucien, qui aura l'honneur d'être le second de la famille, par l'esprit et par le caractère ; Louis, qui gouvernera la Hollande ; Jérôme, qui régnera sur le royaume de Westphalie ; Élisa, qui sera grande-duchesse de Toscane ; Pauline, qui aura le titre de princesse de Borghèse ; Caroline, qui montera avec Murat sur le trône de Naples ; Napoléon, qui portera la couronne de France.

Madame Lætitia est morte en Italie, dans le pays des beaux-arts : demandons à Dieu, mes enfants, qu'il daigne envoyer, dans le coin de terre où elle repose, un grand artiste qui s'inspire, en se souvenant, sur la tombe de l'impératrice-mère ; alors, peut-être, il dédiera à la mémoire de cette héroïque et bienheureuse femme un mausolée colossal, tout parsemé de sceptres et de couronnes, et abrité par une aigle immense aux ailes éployées : ce sera là un trône splendide, un dernier trône où viendront figurer, en bronze, en marbre ou en pierre, un Empereur, des rois, des reines, des princesses ; et au pied de ce trône, mes enfants, la France symbolique écrira sur le socle brisé de la statue impériale : *Ici gît la mère des Bonaparte.*

V

NAPOLÉON, OFFICIER D'ARTILLERIE

uoique Napoléon n'ait encore que seize ans, l'on peut dire que chez lui l'enfant vient de finir : l'homme commence, et le grand homme ne tardera pas à commencer.

Le lieutenant Bonaparte débuta, dans son régiment, par des traits d'esprit et de gaieté, qui lui servaient sans doute à démentir ce que l'on avait écrit à ses nouveaux camarades sur la sombre tristesse de son caractère. Il débuta, dans les salons de Grenoble et de Valence, en donnant à ses amis et à ses ennemis le rare spectacle d'un jeune officier qui avait beaucoup lu et beaucoup observé ; il montra, parmi les hommes, qu'il savait déjà penser, et si j'en crois les révélations du *Mémorial de Sainte-Hélène*, il montra, parmi les femmes, qu'il savait déjà sentir et rêver.

Ce fut chez madame du Colombier, à Valence, que Napoléon prononça un mot qui ne manque pas d'une certaine hardiesse, et que l'on pourrait appliquer aux principes secrets de sa vie tout entière. On faisait l'éloge de Turenne, en regrettant que ce grand homme eût brûlé le Palatinat :

« Qu'importe ! répondit Bonaparte, si cet incendie était utile à ses projets : à la guerre, comme dans le monde, qui veut la fin veut les moyens ! »

Bonaparte séjourna successivement en garnison, à Grenoble, à Valence, à Lyon, à Douai et à Auxonne. Les amitiés, les plaisirs et les devoirs de chaque jour ne l'empêchaient ni de mettre à profit le présent, ni de préparer l'avenir par le travail. Dans les moments de loisir que lui laissait l'étude favorite, l'étude obstinée des mathématiques, Napoléon trouvait le moyen d'imaginer et d'entreprendre quelques travaux littéraires ou historiques.

Le lieutenant d'artillerie rédigea un mémoire sur cette question difficile, proposée par l'Académie de Lyon :

« Quels sont les vérités et les principes qu'il importe d'in-« culquer aux jeunes gens, pour les rendre le plus heureux « possible ? »

Le mémoire de Bonaparte, qui fut couronné, plaçait les meilleures chances de bonheur pour la jeunesse dans l'amour du travail, dans l'emploi du temps, dans l'application active des forces du corps et de l'esprit : « Aujourd'hui, s'écriait le jeune philosophe dans sa conclusion, aujourd'hui, le mouvement, c'est le travail ! » Ce Galilée du travail avait seize ans.

Le discours de Bonaparte était tout rempli d'une sensibilité rêveuse, exprimée avec toute l'exaltation naïve, avec tout l'enthousiasme charmant de la jeunesse ; le futur conquérant du monde se livrait, dans cette esquisse littéraire, à la définition pittoresque du sentiment et de la mélancolie ; il écrivait avec une candeur inimaginable l'éloge de la musique du *Devin du village*, sans se douter qu'il irait un jour, dans la première année de son Consulat, se recueillir et méditer sous les ombrages d'Ermenonville, devant la tombe de Jean-Jacques Rousseau ; enfin, il y avait, dans le *Mémoire* du lieutenant d'artillerie, une phrase éclatante qui semblait exprimer le pressentiment d'une haute et auguste destinée... la destinée de l'empereur Napoléon ; il disait : « Les grands hommes sont des météores qui brûlent, pour éclairer leur siècle ! »

Bonaparte consacra une partie de son premier semestre à faire, dans la ville d'Ajaccio, des recherches historiques, afin de rédiger un essai sur les révolutions de la Corse, qu'il envoya au célèbre abbé Raynal. Le philosophe lui répondit, en le remerciant de son envoi : Votre histoire est remplie de traits qui décèlent un génie du premier ordre.

Napoléon aurait été un grand écrivain, s'il avait daigné vouloir l'être.

Chaque jour ajoutait quelque chose à la rare instruction, à la variété des connaissances réelles du lieutenant Bonaparte ; il s'avisa même, dit-on, de devenir astronome, afin d'enseigner un peu d'astronomie à son jeune frère Louis, qu'il élevait, qu'il entretenait avec le mince produit de sa solde. Un soir, il emmena cet enfant, son cher élève, bien loin dans la campagne ; il lui ordonna de l'écouter en silence, et il essaya de lui révéler, avec tout le charme d'une science facile, les mystères des mondes et les merveilles des cieux.

Le lieutenant d'artillerie commença par mesurer la grandeur du globe ; ensuite, il escalada je ne sais combien de corps célestes pour s'élever jusqu'au soleil, dont il voulait étudier la forme, la constitution physique et le mouvement. Après avoir pesé la terre, le jeune astronome pesa le soleil, et il le fit tourner sur lui-même, en démontrant à son frère que ce grand foyer de lumière n'était qu'un corps opaque, presque noir : l'on eût dit qu'il avait au service de sa leçon les magiques télescopes d'Herschell.

De la hauteur éblouissante du soleil, Napoléon se jeta dans un beau nuage avec son élève, et il se laissa glisser de planète en planète jusque dans les mondes de Saturne, de Vénus et de Jupiter, qu'il se mit à décrire le plus simplement et le plus poétiquement qu'il lui fut possible.

Enfin, Napoléon promena son jeune frère à travers l'immensité des étoiles, qu'il s'amusait à compter, pour l'instruction de son élève, avec le secours officiel des calculs de la science ; il termina sa leçon d'astronomie, en lui parlant des astres qui s'égarent, qui s'éteignent ou se brisent dans l'abîme céleste, et il profita d'une étoile qui filait à l'horizon, pour redescendre sur la terre.

En ce moment, Bonaparte, qui marchait les yeux tournés vers le ciel, se laissa tomber dans un ruisseau, au milieu d'une prairie, à peu près comme l'astrologue de la fable; il dit à son jeune frère, en se relevant : Qu'est-ce donc que je cherche là-haut?... Mon royaume n'est pas dans les cieux !

Il avait raison, mes enfants : le royaume de Bonaparte était sur la terre, et la Révolution, qui venait d'éclater, allait bientôt déblayer devant lui le chemin de la royauté.

VI

es enfants, voici en peu de mots ce que c'était que la Révolution.

Depuis bien des années, depuis des siècles, le peuple souffrait en se plaignant quelquefois, et toujours en espérant des temps plus heureux, qui n'arrivaient jamais.

Au-dessous du roi qui gouvernait la nation, tantôt bien, tantôt mal, il y avait une foule de petits souverains qui la tyrannisaient sans cesse. Les maîtres sévères dont je parle ne portaient pas une couronne ; mais ils portaient une épée, une soutane, une robe ou une bourse : c'étaient les nobles de la cour, les princes de l'Église, les gens de loi et les hommes d'argent. Il faut les plaindre et leur pardonner : ils ne savaient guère ce qu'ils faisaient !

Et pourtant, à cette époque, mes enfants, malgré la douleur et la misère des gens de rien, tout finissait encore, en France, par des chansons : le peuple, qui avait faim, disait, en chantant, aux bienheureux qui s'enivraient de vin et de plaisir :

> Au sein de vos jeux magnifiques,
> Sans manger le pauvre s'endort ...
> De l'océan des richesses publiques
> Laissez couler un filet d'or!
> De l'eau, du pain, cela ne coûte guère,
> Lorsque l'on vit du trône et de l'autel ;
> Donnez ! le bien qu'on a fait sur la terre
> S'amasse en trésors dans le ciel.

Le peuple chantait, de loin, aux gentilshommes amoureux qui avaient le droit de séduire les jeunes filles :

> Brûlés de quelque douce flamme,
> Pour embellir la pauvreté,
> Quand nous venons de choisir une femme,
> Vous daignez flétrir sa beauté !
> Frelons d'amour, d'une lèvre adultère
> N'effleurez plus notre lune de miel ;
> Passez ! le bien qu'on a fait sur la terre
> S'amasse en trésors dans le ciel.

Le peuple chantait aussi, en parlant aux maîtres des châteaux qui se moquaient des malheureux paysans et de leurs
misérables cabanes :

> Si par hasard une chaumière
> A masqué le soleil levant,
> Durant la nuit, voilà qu'elle est par terre :
> Nous nous réveillons en plein vent !
> Que voulons-nous ? rien : que notre paupière
> Se ferme encor sous le toit paternel ;
> Pitié ! le bien qu'on a fait sur la terre
> S'amasse en trésors dans le ciel.

Le peuple criait, dans ses naïves chansons, à ces nobles

chasseurs qui giboyaient impunément à travers la campagne, sur les prés, sur les fleurs et sur les moissons, au risque de faire piétiner leurs chevaux sur les morts et sur les vivants :

Si vous traversez, à la chasse,

L'enceinte où dorment nos parents,

La meute alors qui sanglote et qui passe,

Disperse au loin leurs ossements !

De nos aïeux, au fond du cimetière,

Respectez donc l'héritage mortel ;

Le peu de bien qu'on a fait sur la terre

S'amasse en trésors dans le ciel.

Le peuple disait aux seigneurs de village qui avaient des droits superbes, à ces représentants du roi qui inventaient chaque jour des exactions nouvelles, afin de ruiner le pays un peu plus vite :

Nous payons tout : la mort, la vie,

Notre repos, notre réveil ;

Nous payons l'air, le beau temps et la pluie,

Le mouvement et le soleil !

En nous créant, Dieu te fit notre frère :

Nouveau Caïn, laisse encor vivre Abel....

Le peu de bien qu'on a fait sur la terre

S'amasse en trésors dans le ciel.

Le peuple avait beau chanter : il était bien à plaindre, mes enfants !

Un jour, un prince bien élevé, bien inspiré, monta sur le trône : il se nommait Louis XVI ; par malheur, le bien qu'il souhaitait à la France, il ne savait ni ne pouvait le réaliser : il lui aurait fallu de la force, et il était faible ; il lui aurait fallu de la puissance, et il était sans pouvoir.

Le pays avait tant souffert, qu'il désespéra de cesser de souffrir sous le règne d'un honnête monarque : comme il respectait encore la personne du roi, il commença par s'attaquer à la royauté, au principe de la royauté.

Alors, mes enfants, Louis XVI eut à soutenir une lutte de tous les jours, de tous les instants, contre les nouveaux besoins populaires qui voulaient devenir des droits : la lutte était impossible. Le 14 juillet 1789, le peuple s'empara de la Bastille ; dès ce moment, la nation, représentée par des assemblées nationales, traita de puissance à puissance avec la royauté.

Il faut bien le dire, mes enfants : le roi, trompé par ses amis, par ses courtisans, eut peur des Français, et il résolut de quitter la France.

Le 21 juin 1791, une voiture, qu'escortaient mystérieusement deux ou trois gardes-du-corps, se dirigeait à la hâte vers la frontière. La voiture s'arrêta un instant sur une place publique. Un maître de poste, nommé Drouet, s'avisa de regarder attentivement dans ce mystérieux carrosse, et il crut reconnaître, à sa grande surprise, le roi de France, la reine de France, toute la famille royale ! Drouet en parla soudain à la municipalité locale ; on se mit à la poursuite des fugitifs ; on réussit à les devancer ; on barricada le pont de Varennes, et la garde nationale arrêta Louis XVI.

Le 25 juin, Latour-Maubourg, Pétion et Barnave ramenèrent leurs tristes majestés à Paris, et déjà c'en était fait du monarque et de la monarchie. Mes enfants, ce ne sont pas les rois, ce sont les royalistes qui perdent les royautés !

Nommé capitaine d'artillerie, au commencement de l'année 1792, Napoléon vint passer quelques mois à Paris. Il assista, du haut de la terrasse des Tuileries, aux insurrections du 20 juin et du 10 août ; il ne tarda pas à comprendre que la France révolutionnaire allait ouvrir une nouvelle voie au courage, à l'ambition et au génie.

Mes enfants, pour qu'un homme soit longtemps le héros et devienne le maître couronné d'une révolution populaire, il doit obéir à de certaines exigences du cœur, du caractère

Le 22 janvier 1793, le capitaine Bonaparte faillit être assassiné
en Corse.

et de l'esprit : il lui faut d'abord de l'audace, de la prévision et de la volonté ; il lui faut ce prestige que donne le courage personnel, cette influence que donne la parole, cette puissance que donne une vaillante épée ; il lui faut enfin cette auréole presque divine qui rayonne sur le front des hommes d'élite… ces véritables dieux de la terre ; eh bien ! Napoléon aura tout cela, mes enfants, pour conquérir et pour gouverner la Révolution française.

Le 22 janvier 1793, le lendemain du jour où Louis XVI mourait à Paris sur un échafaud, le capitaine Bonaparte faillit être assassiné en Corse, comme *aristocrate*, précisément lorsqu'il s'efforçait de combattre, les armes à la main, le célèbre Paoli, devenu de nouveau le partisan et l'esclave de l'Angleterre. Paoli avait dit une fois, en parlant de Bonaparte : Ce jeune homme est taillé à l'antique ; c'est un héros de Plutarque !

Napoléon et sa famille, toujours fidèles à la cause française, s'embarquèrent pour la France, aux dernières lueurs d'un incendie qui venait de détruire, au nom des Anglais, une partie de leur petite habitation de la rue Saint-Charles. Madame Lætitia et ses filles s'établirent dans les environs de Marseille, tandis que le capitaine Bonaparte rejoignait, à Nice, le 4ᵉ régiment d'artillerie.

Ce fut dans ce temps-là, mes enfants, que Napoléon écrivit, dans la maison de mon père, une brochure intitulée : *le Souper de Beaucaire*. Si j'en crois les illusions de mon innocente faiblesse, c'est moi qui ai provoqué les immortelles campagnes d'Italie, moi qui ai créé la fortune de Bonaparte, moi qui ai fait succéder l'Empire au Consulat et à la République ; en un mot, quand je me souviens, je m'imagine avoir donné à la France, sans le vouloir, sans le savoir, un général en chef, un premier Consul et un Empereur ; et tout cela, mes enfants, en chantant la *Marseillaise!...*

VII

E n 93, il se passait en France des choses bien terribles et bien héroïques. A cette époque de désespoir, de deuil et de gloire, Bonaparte avait déjà bien mérité de la patrie et de la Révolution.

Capitaine d'artillerie à vingt-trois ans, relégué loin de Paris, Bonaparte commençait à lutter contre une position obscure et inutile qui répugnait à son impatience, à son génie, à sa louable ambition : il préparait lui-même les triomphes de son glorieux avenir, par la volonté, par la réflexion, par le travail.

Presque toujours seul dans une chambre propre, modeste, un peu sombre, comme il sied à un homme qui rêve et qui pense, Bonaparte se livrait obstinément à l'étude du passé, sans doute pour mieux comprendre le présent, et peut-être aussi pour mieux deviner un éblouissant avenir, qui n'était pas loin.....

Cependant, l'étude des gouvernements, des peuples, des mœurs et des conquêtes d'autrefois ne pouvait guère influer tout d'abord sur l'avancement militaire de Bonaparte; les occasions heureuses, les belles occasions, que donne la volonté d'autrui ou le caprice du hasard, se faisaient bien attendre, contre le gré de son cœur et de son esprit. Il résolut de faire sa cour aux puissances républicaines, en leur demandant le droit de servir activement et d'honorer la République. Il adressa donc à la Convention nationale d'utiles Mémoires sur la situation politique et morale de la

Corse; il adressa au comité de la guerre un projet d'attaque contre les Anglais, qui étaient déjà ses ennemis les plus odieux; il dessina, les yeux fixés sur une carte, des plans de campagne admirables contre l'Europe, dont il convoitait déjà la conquête, et qu'il devait conquérir un peu plus tard.

Tout cela ne produisit rien encore pour l'ambition naissante de Bonaparte. A Paris, l'on oublia bien vite le patriote de Nice, le capitaine d'artillerie, le conquérant de vingt ans, le jeune rêveur qui rêvait l'empire du monde. Seul, oublié, méconnu, que vouliez-vous qu'il fît, dans l'impatience désespérée de son courage et de son génie? — Qu'il mourût?... — Non! Les fossoyeurs, j'allais dire les bourreaux anglais, n'avaient point encore creusé la tombe de Sainte-Hélène!... Il lui sembla plus noble de vivre que de mourir. Alors, pour se distraire, pour se consoler, pour s'étourdir peut-être, il daigna regarder une jeune fille qui l'admirait en silence, et il commença à me trouver belle et à s'occuper de moi... oui, de moi!

Mon Dieu! j'ai soixante-dix ans; mon avenir est de quelques jours, de quelques heures; ma plus douce espérance n'est plus qu'une mort tranquille : n'ai-je donc pas le droit de m'enorgueillir de ma jeunesse, de mon amour et de ma beauté?

Bonaparte habitait dans la maison de mon père. Riche et passablement avare, mon père trouvait une petite ressource, un revenu supplémentaire, dans la location d'une partie de son logement : la chambre occupée par le capitaine d'artillerie était précisément la mienne, et je l'avais cédée pour complaire à l'avarice paternelle. Faute de place dans ma nouvelle cellule, je laissai chez notre hôte mon piano, mon clavecin d'Allemagne. Parfois, lorsque les devoirs du service éloignaient M. Bonaparte, je courais bien vite dans son appartement, et je jouais, pour moi seule, les airs les plus nouveaux et les plus mélodieux du monde.

Un soir, je m'attardai près de mon piano, sans y songer, ou peut-être en y songeant bien ; tout à coup je fus surprise, au refrain de ma plus belle chanson, par notre jeune et ambitieux locataire : j'essayai de m'enfuir... mais Bonaparte, Napoléon Bonaparte!... me prit doucement par la main, me força de m'asseoir de nouveau, et me supplia de chanter encore par amitié pour lui ; ce fut là un beau jour, le plus beau jour de ma jeunesse, de ma vie tout entière !

Le lendemain, Bonaparte offrit à mon père de mettre à sa

disposition, à notre disposition, sa propre chambre et mon piano, sous le prétexte de ne pas nuire aux progrès charmants de mon éducation musicale. L'offre fut acceptée : tous les soirs, après le coucher du soleil, notre hôte allumait lui-même des flambeaux, éclairait le pupitre de mon clavecin, préparait des fauteuils autour d'un bon feu d'automne, et tout cela pour nous recevoir... pour me recevoir, pour me parler et pour m'entendre.

L'on a dit souvent qu'il était impossible de résister au langage varié, aimable, délicat et entraînant de Napoléon ; le capitaine d'artillerie en garnison à Nice ne le cédait en rien au futur Empereur, au futur maître de la terre. Tour à tour grave et léger dans ses propos, toujours vif, spirituel, flatteur et enthousiaste, Bonaparte pratiquait déjà le talent de parler, de penser et de sentir avec tout le monde. Dans la causerie familière, il avait une bonhomie, une naïveté vraiment adorables : c'était l'enfantillage d'un grand esprit ; dans tout ce qui touchait à la France, il trouvait des paroles fières, élevées, splendides : c'était le dévouement d'un grand cœur ; dans tout ce qui s'adressait à la gloire, il puisait dans la secrète inspiration de son génie des élans admirables, de sublimes accès d'enthousiasme : c'était la noble ardeur, c'était le noble pressentiment d'un héros. Permettez-moi de le dire aussi : quand il s'agissait de femmes et de l'amour, il disait à demi-voix des mots exquis, des phrases délicieuses : c'était la persuasive éloquence d'un homme amoureux.

Mon père ne tarda point à deviner la singulière estime que j'avais eu le bonheur d'inspirer à Bonaparte. Sans se plaindre, sans rien dévoiler de sa colère et de ses craintes, il s'efforça de faire comprendre à mon adorateur qu'il y avait loin d'un petit capitaine d'artillerie à un riche négociant de la ville de Nice. Il eut le triste courage de parler de je ne sais quelle mésalliance imaginaire à propos de fortune, à propos d'argent, entre l'épée d'un soldat et le coffre-fort d'un parvenu. Je m'en souviens encore : Bonaparte se prit à sourire, en écoutant le misérable aveu de ce ridicule orgueil. Sans doute, il jura secrètement de se venger d'un pareil refus, d'un semblable dédain, à force de courage, d'ambition, de succès, d'éclat et de grandeur.

Mon père commença bientôt à désirer, sinon à provoquer l'éloignement de notre hôte ; une circonstance assez commune, à cette époque changeante et dramatique, vint obliger Bonaparte à me dire adieu pour jamais, et à partir.

Un jour, deux représentants du peuple, nommés Albitte
et Salicetti, arrivèrent officiellement à Nice; on procéda,
par leurs ordres, à de nombreuses perquisitions; des inter-
rogatoires politiques eurent lieu, et bien des gens furent ar-
rêtés. Un matin, notre domicile fut envahi; on pénétra violemment dans la chambre de Bonaparte : j'entendis parler,
je crois, de la Corse et de Paoli. Les représentants du
peuple s'emparèrent de la correspondance, des cartes, des
livres, des papiers et des manuscrits, ils prirent tout, mon
Dieu! jusqu'à des billets doux qui portaient le nom d'une
jeune fille. A l'issue de cette redoutable visite, des soldats
furent préposés, sur le seuil de notre porte, à la garde du
capitaine suspect, et l'innocent prisonnier se résigna, bon
gré, mal gré, en criant : Vive la France !

Je dois le dire bien vite, mon père se montra parfait
dans ce malheur. La nuit venue, il ne craignit point de se
compromettre, de se joindre à des amis, à des camarades, à
des compagnons d'armes, qui accouraient auprès de Bonaparte pour le soutenir, pour le consoler, et surtout pour le
conseiller. Les opinions furent unanimes : l'on exigea de
notre ami, on lui arracha la promesse de se soustraire par
la fuite à une injustice affreuse, dont le résultat pouvait

bien être un jugement terrible, la proscription et la mort.

Bonaparte promit, en hésitant, d'obéir à ses amis et de les suivre; son départ fut décidé pour le lendemain, de grand matin, à l'heure où les soldats de garde à notre porte seraient remplacés par des hommes prévenus et dévoués. Il fallut se séparer; Bonaparte me dit, en m'embrassant : Au revoir! — Je le quittai sans lui répondre, et je me mis à veiller et à pleurer toute la nuit.

Le jour parut enfin!... Je me rappelai avec terreur l'hésitation que Bonaparte avait exprimée à ses amis, et je voulus moi-même provoquer encore et protéger sa fuite, au besoin; d'ailleurs, il m'avait dit : Au revoir!... Je n'avais pas eu la force de lui parler, et je lui devais, en conscience, un dernier mot et un dernier adieu... Je me glissai donc jusque dans sa chambre, tout doucement, sur la pointe des pieds; je m'avançai, en tremblant, du côté de l'alcôve; je soulevai la draperie des rideaux... et je m'arrêtai malgré moi, muette, immobile, les yeux mouillés de larmes, à la vue de ce suspect, de ce coupable, de ce proscrit, qui dormait revêtu de son uniforme, et la main appuyée sur le pommeau de son épée !

Je l'avoue, j'oubliai la persécution, les dangers et la mort qui menaçaient Bonaparte ; je ne trouvai pas le courage de chasser un beau rêve peut-être, et je m'éloignai de son lit, en murmurant : Dormez !

J'allai m'asseoir, je ne sais comment ni pourquoi, devant le clavier de mon piano ; j'étais folle, sans doute : je plaçai sur mon pupitre un air nouveau, un hymne national, que l'on chantait depuis quelques jours à Paris, et qui était destiné à faire le tour du monde ; j'ouvris mon cahier de musique, et je préludai au chant fameux de la *Marseillaise*.

Aux premiers sons du prélude, Bonaparte se réveilla en sursaut, me regarda, et sourit. Lorsque je commençai à en-tonner, de toute ma force, le couplet suivant :

> Allons, enfants de la patrie,
> Le jour de gloire est arrivé !...

il se leva sur son séant, comme un homme étonné qui cherche à deviner ce qu'il vient d'entendre, et qui écoute encore.....

Moi, je continuai de chanter de mon mieux ; à la fin de cette strophe :

> Que veut cette horde d'esclaves,
> De traîtres, de rois conjurés ?...

Bonaparte s'élança tout à coup de son lit, dans un trouble, dans une agitation extrêmes ; je m'imaginai qu'il était furieux, et qu'il m'ordonnait de me taire... Mais aussitôt il m'adressa un geste impérieux, en me disant d'une voix émue : Chantez !

Le dithyrambe patriotique, le chant sacré qui devait gagner des batailles, l'hymne populaire de Rouget de l'Isle, dont la poésie ressemble au cliquetis des armes, dont la musique résonne autant que le bruit du canon, la *Marseillaise*, enfin, remua toutes les fibres de Bonaparte, et l'enivra comme par enchantement ; il était éperdu, hors de lui, inspiré, radieux, admirable... Mes enfants, je vous jure qu'il avait cent pieds de haut !

Deux fois il voulut entendre la *Marseillaise ;* et soudain, aux derniers éclats de cet immense défi national, il tira son épée, l'agita d'une main convulsive, et se mit à répéter avec moi, d'une voix éclatante :

> Amour sacré de la patrie,
> Conduis, soutiens nos bras vengeurs...

Au même instant, un signal convenu se fit entendre dans la rue : c'était le signal du départ et de la fuite ; encore quelques minutes, et c'en était fait peut-être du salut, de la vie de Bonaparte!... Mais que voulez-vous?... il venait de s'enivrer à l'odeur de la poudre, exhalée par la *Marseillaise*; il dédaigna de fuir, le brave jeune homme, et il répondit au signal de ses amis en chantant :

> Liberté, liberté chérie,
> Combats avec tes défenseurs !...

Presque aussitôt, la porte de la chambre s'ouvrit avec violence ; les deux représentants du peuple s'avancèrent vers Bonaparte ; et moi, je lui dis... en lui lançant un triste regard qui était un reproche : Il est trop tard !

— Citoyen Bonaparte, s'écria Salicetti, nous sommes contents de toi : tu écris comme un grand homme, et tu chantes la *Marseillaise* comme un vrai patriote : c'est bien ! citoyen : reprends cette correspondance qui honore ton caractère, ces papiers qui honorent la République, et ces précieux manuscrits qui honoreront un jour ton génie. Tu es libre, et ce soir nous partirons ensemble : la liberté a besoin de toi au siége de Toulon !

Bonaparte nous quitta le soir même, et je ne l'ai jamais revu ; hélas ! mes enfants, la *Marseillaise* et moi, il nous a trahis, l'ingrat!... Mais, du moins, il a aimé la France ; il l'a rendue belle, grande, victorieuse, formidable!... Encore une fois, la *Marseillaise* et moi, nous lui pardonnons : il a aimé la France, et il lui a été fidèle!

Mes enfants, nous voici, avec le commandant d'artillerie Bonaparte, au fameux siége de Toulon, c'est-à-dire au premier chant de la grande épopée napoléonienne!

VIII

SIÈGE DE TOULON

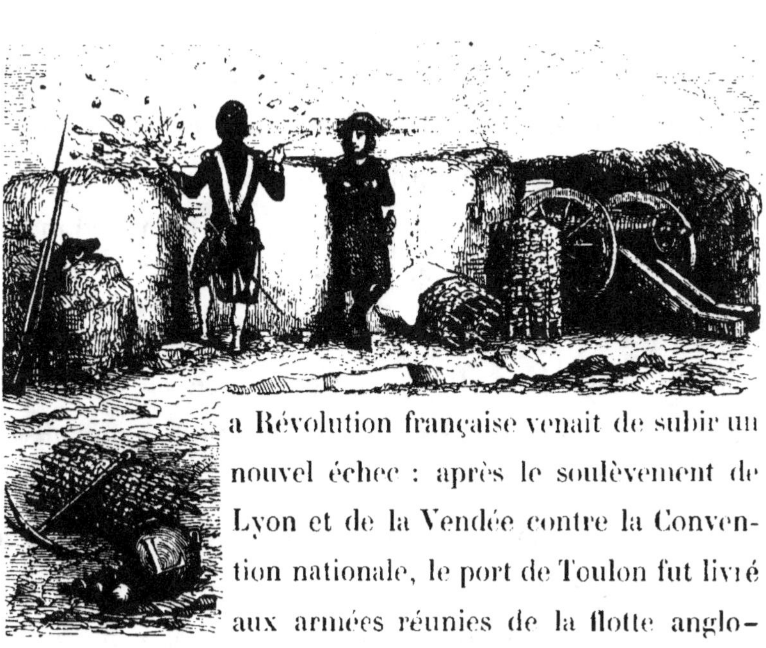

a Révolution française venait de subir un
nouvel échec : après le soulèvement de
Lyon et de la Vendée contre la Convention nationale, le port de Toulon fut livré
aux armées réunies de la flotte anglo-

espagnole. Les troupes de la République, qui opéraient dans le Midi, reçurent l'ordre de reprendre Toulon, ce boulevard des côtes de la Méditerranée, à la coalition des étrangers et des royalistes. Nommé chef de bataillon, le 19 octobre 1793, Bonaparte fut chargé par Albitte, Salicetti et Barras, de diriger l'artillerie du siége, en remplacement du général Dutheil, empêché par une grave maladie. Napoléon avait vingt-quatre ans.

Le général en chef de l'armée de Toulon se nommait Cartaux : c'était un ancien peintre, vaniteux comme un artiste, dévoué comme un enfant du peuple, brave comme un soldat, ignorant comme un caporal, naïf comme un honnête homme, excellent patriote qui devait son élévation bien plus à la franchise de son caractère qu'à la grandeur de son intelligence ; belle tête, mes enfants... mais de cervelle, point ! Ce pauvre général Cartaux, qui ne savait qu'être courageux, servir la République et caresser sa moustache, accueillit Bonaparte du haut de sa vaniteuse et incroyable ignorance.

— Commandant, s'écriait-il en souriant, je n'ai plus besoin de vous pour les opérations de l'artillerie ; mais n'importe... soyez le bienvenu ! Demain vous partagerez notre gloire, sans avoir partagé nos fatigues ; en attendant, vous me ferez l'honneur de souper avec moi.

Le lendemain, le général Cartaux emmena Bonaparte dans sa voiture, pour lui *faire admirer les dispositions offensives qu'il avait faites*.

— Vous le voyez, disait-il au jeune commandant d'artillerie, j'ai forcé les gorges d'Ollioules, et me voilà établi au Bausset ; je m'emparerai de Toulon, et je brûlerai la flotte anglaise dans le port.

— A la bonne heure ! général, répondit Napoléon ; mais par malheur pour vos beaux projets, les dispositions de l'attaque me paraissent assez mal prises : les batteries sont hors de la portée de la place ; les canons manquent d'espace pour le recul ; il y a au moins une lieue entre les boulets que l'on chauffe et les pièces que l'on doit charger.

Bonaparte demanda la permission de faire tirer le *coup d'épreuve* ; le canon franchit à peine le tiers de la distance, et le général Cartaux ne trouva rien de mieux à répondre que de reprocher aux aristocrates d'avoir gâté la poudre républicaine.

Le pouvoir d'un homme intelligent et l'influence d'une jolie femme valurent au commandant Bonaparte le droit de

diriger l'artillerie du siége, en dépit de l'ignorante obstination du général : l'homme intelligent se nommait Gasparin, la jolie femme se nommait madame Cartaux.

En un clin d'œil, tout changea de face au siége de Toulon : on établit de nouvelles batteries, on amassa des munitions, on organisa un parc de deux cents bouches à feu;
l'activité prodigieuse de Bonaparte lutta, pendant trois mois,
contre la nonchalance, l'impéritie ou la faiblesse de ses supérieurs. Certes, Napoléon ne paya pas seulement de son
esprit et de ses lumières, il paya de son courage et de sa
personne : en repoussant une sortie des assiégés, il eut trois
chevaux tués sous lui ; il reçut d'un Anglais un coup de
baïonnette qui lui traversa la cuisse gauche; enfin, un jour
où il sauva les batteries françaises, il prit le refouloir d'un
chargeur qui venait d'être tué, et lui-même se mit bravement à charger le canon.

Bonaparte connaissait déjà les faiblesses héroïques du caractère des soldats républicains : ce fut pendant le siége de
Toulon qu'il essaya, pour la première fois, de leur faire subir le pouvoir de sa prestigieuse parole. Les canonniers re-
fusaient de servir des pièces qui étaient exposées au feu de
l'ennemi : au lieu d'user des moyens violents que lui don-

Soldats! voici la batterie des Hommes sans peur.

nait la discipline, Bonaparte appela à son aide les ressources de l'inspiration et de l'enthousiasme ; il monta seul sur le parapet, et s'écria d'une voix retentissante : Soldats, voici la batterie des hommes sans peur !

Et les canonniers commencèrent à charger les pièces, aux cris de : Vive la liberté ! vive la France ! vive la République !

Ce premier essai d'éloquence militaire portera bonheur à la parole du futur Consul et du futur Empereur : Bonaparte et Napoléon trouveront, en parcourant le monde, de ces mots héroïques, de ces cris admirables, de ces mouvements sublimes, qui gouvernent les hommes et qui leur inspirent les grandes choses.

Le comité de salut public et la plupart des sociétés populaires avaient envoyé à l'état-major du siége de Toulon les plans d'une attaque décisive contre la ville rebelle ; Bonaparte examina les savantes combinaisons de tous ces Vaubans au petit pied qui organisaient un siége de loin : il les jugea tout simplement impraticables.

A son tour, Napoléon soumit au conseil de guerre le projet qu'il avait conçu : ce nouveau plan d'attaque fut approuvé par les officiers du génie, soutenu par Gasparin, et repoussé par le général Cartaux, qui s'avisa de formuler ainsi une sottise qu'il appelait une mesure expéditive : L'artillerie foudroiera Toulon pendant trois jours ; ensuite j'attaquerai la place sur trois colonnes, et je l'enlèverai !

Le général Cartaux, qui était un ancien peintre, fut remplacé par le général Doppet, qui était un ancien médecin. Avec l'un de ces deux généraux, Bonaparte n'aurait pas eu le droit de reprendre Toulon ; avec l'autre, il n'aurait pas eu davantage la permission de reprendre la ville : le médecin Doppet maniait la lancette beaucoup mieux que l'épée, et l'on a prétendu qu'il ne savait tuer les hommes que dans leur lit ; le docteur fit regretter l'artiste : le général Doppet ordonna de sonner la retraite au milieu d'une attaque dont la réussite était certaine ; le général Cartaux n'aurait point donné un pareil ordre.

Dieu merci ! les généraux se suivent et ne se ressemblent pas : Doppet céda la place au brave Dugommier, et quelques jours plus tard, le 19 décembre, Toulon redevint une ville française, par la grâce de Dieu et du commandant Bonaparte.

Et jugez, mes enfants, de ce qu'était l'influence de l'héroïsme national à cette époque, puisqu'elle savait réveiller, dans les cœurs et dans les consciences les plus misérables, le sentiment du devoir et l'amour de la patrie. Les ennemis que l'on chassait de Toulon incendièrent les magasins de la màture, et déjà ils se préparaient à détruire des bâtiments qui appartenaient à la marine française : eh bien! ce furent des criminels, des hommes qui n'étaient plus des citoyens, les forçats du bagne de Toulon, qui s'armèrent tout à coup pour repousser les Anglais, pour conserver quelques vaisseaux à la République, à la France!.. Et puis, mes enfants, ces malheureux bien inspirés rentrèrent dans le bagne, et reprirent leurs fers qu'ils avaient échangés contre des armes.

Le siége de Toulon valut à Bonaparte le dévouement de trois hommes, de trois compagnons, de trois amis qui sont devenus célèbres; l'un était le capitaine d'artillerie Muiron : il est mort à Arcole, dans un jour de victoire; l'autre était le lieutenant Duroc : il est mort à Wurtzen, avec le grade de maréchal et le titre de duc de Frioul ; le troisième était le sergent Junot : il est mort à Paris, en 1813, après avoir été nommé ambassadeur, colonel-général des hussards, maréchal de France et duc d'Abrantès.

Les Anglais s'étaient enfuis de Toulon en se vengeant comme les Parthes, et l'on peut dire que leur dernier regard alluma dans le cœur de Napoléon une haine qui ne devait s'éteindre que dans le dernier soupir du grand homme. Oui, le siége de Toulon, c'est là le premier coup d'épée d'un duel terrible, d'un duel à mort entre deux géants, entre Bonaparte et l'Angleterre, et qui doit se renouveler chaque jour sur tous les champs de bataille de l'Europe; oui, dès ce moment, avec les cris de colère de ces Anglais que l'on chasse d'une ville rebelle, d'une ville française, commence véritablement la coalition du monde contre la France : Pitt frappe du pied tous les coins de la terre, pour en faire sortir des ennemis armés contre la République, contre le Consulat et contre l'Empire. En vain, les peuples et les rois étrangers, meurtris et haletants, essaient de se reposer de nos victoires : la pensée implacable de l'Angleterre est toujours là, contre eux et contre nous; elle se personnifie dans le ministre Fox, aussi bien que dans le ministre Pitt, aussi bien que dans lord Castlereagh : elle encourage les tentatives désespérées de l'émigration française; elle inspire, elle seconde la malheureuse armée de Condé; elle entraîne la Prusse dans le guet-apens de sa propagande antinapoléonienne; elle soulève, elle soutient, elle soudoie les soldats qui nous combattent en Espagne et en Portugal; elle déchire le traité de Tilsitt, favorable à la fortune de la France, et la Russie consent à devenir, dans les mains de l'Angleterre, le dernier bélier qui doit frapper sur le trône de l'Empereur !

Napoléon oublia un seul jour sa haine contre l'Angleterre : ce jour-là, il devint le prisonnier d'un amiral anglais, et il fut perdu.

Après le siége de Toulon, Dugommier écrivit au comité de Paris, en parlant de Bonaparte : « Récompensez ce jeune « homme; si l'on était ingrat envers lui, il s'avancerait tout « seul. » Napoléon obtint de la justice des représentants du peuple le titre de général de brigade d'artillerie.

Le nouveau général, qui devait occuper un poste dans l'armée d'Italie, sous le commandement du brave Dumerbion, fut d'abord chargé d'une expédition dans l'ile de Corse, et d'une inspection de l'armement des côtes de Provence.

La réaction thermidorienne faillit ensanglanter les lauriers du vainqueur de Toulon, en coupant la tête du jeune héros qui les portait : Bonaparte fut arrêté, sous le prétexte d'avoir particulièrement connu Robespierre le jeune ; mais Albitte et Salicetti, qui l'avaient déjà protégé en l'entendant chanter la *Marseillaise*, le protégèrent une seconde fois, en découvrant dans ses papiers la copie d'une lettre qu'il avait adressée à un de ses amis :

« Tu auras sûrement appris la mort de Robespierre, écri-
« vait Napoléon à Tilly ; j'en suis fâché... mais, eût-il été
« mon père, je l'eusse poignardé moi-même, si j'avais su
« qu'il aspirât à la tyrannie. »

IX

LE GÉNÉRAL BONAPARTE

la fin, mes enfants, Bonaparte, délivré par
l'ordre des deux commissaires du peuple,
se mit en route pour l'Italie, qui devait
être la seconde patrie de sa gloire ; il parut au milieu de ses compagnons d'armes,

qui connaissaient déjà son talent et son courage : il paya sa bienvenue avec des victoires ; il remercia le comité de salut public par la prise d'Oneille, du col de Tende, et par le combat del Cairo. Le général en chef Dumerbion eut la rare justice d'écrire aux commissaires conventionnels :

« C'est au talent du général Bonaparte que je dois les sa-« vantes combinaisons qui ont assuré notre victoire. »

Cette première victoire de l'armée d'Italie, dans sa lutte contre le Piémont, pouvait être plus belle encore, s'il avait plu au représentant du peuple d'adopter un plan de campagne de Napoléon : ce plan n'était rien moins que le projet admirable réalisé par Bonaparte l'année suivante, dans sa merveilleuse conquête de l'Italie.

Au milieu de ces premiers succès dont j'ai parlé tout à l'heure, et que le général en chef recommandait si honnêtement à la reconnaissance de la République ; dans un moment où il servait sa patrie avec un dévouement qui gagnait déjà des batailles, Napoléon fut accusé de je ne sais combien de crimes imaginaires : un seul de ces crimes était assez grand ou assez petit pour le perdre ! Dans ce temps de désespoir et de grandeur, d'héroïsme et de colère, il n'y avait, entre les clameurs de l'accusation et le bruit de l'échafaud, que le roulement du tambour révolutionnaire.

Un homme dont le talent valait à peu près celui du général Cartaux, un ancien capitaine d'artillerie, une jalouse médiocrité qui avait nom Aubry, venait d'obtenir la présidence du comité de la guerre : il osait prendre la place d'un grand citoyen que l'on avait proclamé jusque-là l'organisateur de la victoire.

Aubry proposa le commandement d'une brigade, dans la ligne, à celui qui avait commandé l'artillerie devant Toulon : Napoléon refusa de revêtir ce déguisement d'une disgrâce ; mais le nouveau ministre a juré de déplacer Bonaparte et de lui donner pour théâtre un champ de bataille où son génie ne puisse jouer qu'un rôle secondaire : il lui fait offrir le commandement de l'artillerie dans l'armée de l'Ouest : Napoléon refuse d'aller mitrailler des Français, dans cette affreuse lutte que l'on appelle la guerre civile ; ses véritables ennemis, ce sont les étrangers. Il ne songe pas encore à pacifier : il pense à conquérir.

Napoléon revint à Paris, pour protester contre les sottises illégales du président Aubry ; et lorsque son supérieur, son jaloux adversaire, s'avisa de lui reprocher sa jeunesse,

Bonaparte lui répondit, en lui montrant du doigt une carte du Piémont :

— On vieillit vite sur les champs de bataille, et j'en arrive.

Cette réponse lui valut une destitution immédiate. Le vainqueur de Toulon, qui avait aussi vaincu en Italie, ré-solut de se venger en travaillant, afin de se tenir toujours prêt à recevoir la gloire et la fortune ; il se relégua dans un petit appartement de la rue du Mail, et il attendit, en écoutant les bruits lointains d'un nouvel orage révolution-naire. Soyez tranquilles ; Bonaparte réalisera bientôt la prédiction du général Dugommier : « Si vous êtes ingrat envers lui, il s'avancera tout seul. »

Un honnête homme, le citoyen Pontécoulant, qui rem-plaça le président Aubry, se souvint de Napoléon, de son talent et de son courage. Il essaya de le rappeler à la vie publique, en lui donnant une part dans les travaux du comité de la guerre ; le jeune Bonaparte rédigea un plan de campagne destiné aux opérations de l'armée d'Italie : il organisait sa conquête, en attendant qu'il pût la réaliser.

L'ami du général Bonaparte, en 94, ne fut point oublié

par le consul Bonaparte, en 1799 : M. de Pontécoulant fut appelé à prendre place au Sénat conservateur.

Le ministère de Letourneur de la Manche renversa de nouveau les espérances de Napoléon. Pauvre, découragé, méconnu pour la seconde fois, Bonaparte cessa d'entendre sous ses pieds le mouvement, c'est-à-dire la Révolution, l'avenir, la fortune et la gloire ; il désespéra de son génie, des hommes, de la patrie et de Dieu ! Comme il avait le cœur blessé, il voulut se retirer à l'ombre et dans le silence ; il se promit d'aller vivre dans la vallée de l'Yonne, avec son camarade Bourrienne ; il songea sérieusement à échanger son épée contre le soc d'une charrue, comme s'il eût déjà mérité, à force de gloire, de disparaître, de s'ensevelir dans la modeste retraite de Cincinnatus !

L'orgueil de l'ambition chassa la modestie du désespoir : Bonaparte se décida, qui le croirait ! à partir pour Constantinople, afin d'enseigner l'art militaire aux troupes indisciplinables de la Turquie. Un historien, qui a plus d'esprit que de justice, a trouvé plaisant de flétrir cette pensée du jeune Bonaparte, qu'il appelle sans rire un projet de désertion !... N'en croyez rien, mes enfants : est-ce que la France n'avait, à cette époque, ni des influences rivales, ni

des ennemis à combattre dans l'Orient ? La France n'avait-
elle aucun intérêt à s'opposer aux envahissements politiques de la Russie et aux conquêtes lointaines de l'Angleterre ? Le vainqueur de l'Italie, le premier Consul et l'Empereur penseront plus d'une fois à l'Orient.

La fameuse journée du 5 octobre 1795 empêcha Napoléon de partir pour Constantinople : le coup de vent du
15 vendémiaire emporta le turban de Bonaparte.

Ce jour-là, mes enfants, les bourgeois et les thermidoriens
jouèrent une nouvelle partie, dont l'enjeu était peut-être
l'avenir de la Révolution française. Les thermidoriens,
épouvantés du mouvement contre-révolutionnaire qu'ils
avaient imprimé eux-mêmes à l'esprit public, décrétèrent
des mesures qui étaient un démenti à leurs décrets de la
veille. La plupart des sections de Paris prirent les armes
contre la Convention nationale, et le général Menou fut
chargé de réprimer le soulèvement populaire.

Menou manqua de conviction, d'habileté ou de force : il
fut remplacé par Barras ; Barras manquait d'audace, de résolution et de talent : il se rappela le siége de Toulon, et il
comprit qu'il avait besoin de la jeunesse, du génie et de
l'ambition de Bonaparte.

Journée du **13** vendémiaire.

Lorsque l'émeute éclata dans les rues de Paris, Napoléon assistait à une représentation du théâtre Feydeau : il quitta la salle de spectacle pour se mêler, comme un simple passant, aux troubles de la rue Vivienne : le lendemain au matin, à cinq heures, Bonaparte se réveilla avec le titre de commandant militaire de Paris, sous les ordres de Barras.

Napoléon avait alors un grand et difficile devoir à remplir : il lui fallait combattre des insurgés, des rebelles ; mais ces ennemis d'un jour étaient des citoyens, des gardes nationaux de Paris, des Français enfin, et le *Mémorial de Sainte-Hélène* a pris le soin de nous révéler la cruelle indécision de Bonaparte prêt à devenir le héros du 13 vendémiaire.

En un clin d'œil, tout fut disposé pour la bataille et pour la victoire : des canons autour des Tuileries, des canons dans la rue du Dauphin, des canons dans la rue Saint-Honoré, des canons sur le quai Voltaire, et tout fut dit pour la contre-révolution : elle fut mitraillée pendant une heure ; elle n'eut pas de lendemain.

La façade de l'église Saint-Roch porta, durant quelques années, la trace des boulets républicains : l'empreinte d'un pareil sacrilége devait être effacée par l'immortel auteur du Concordat.

Parfois, on a voulu voir, sur l'habit du général Bonaparte, le sang français du 13 vendémiaire : n'oubliez pas,
mes enfants, que cette tache a disparu dans le sang des ennemis de la France.

Le 16 octobre 1795, Bonaparte fut promu au grade de
général de division ; quelques jours plus tard, il obtint le
titre de commandant en chef de l'armée de l'intérieur ;
l'heure providentielle venait de sonner pour lui : la gloire
et la fortune, qu'il s'était longtemps préparé à bien recevoir,
allaient frapper à la porte de Napoléon Bonaparte.

<h1 style="text-align:center">X</h1>

MARIAGE DE BONAPARTE

u soir au lendemain, Bonaparte devint
un héros populaire. Il avait vingt-six ans ;
il était petit et maigre ; sa figure était
creuse, pâle, blême ; quand il parut aux
yeux de la Convention triomphante,

quand il monta les degrés du bureau de la présidence, pour recevoir l'accolade fraternelle du président et les éloges du député Fréron, bien des spectateurs des tribunes publiques se demandaient encore d'où venait ce grand homme, improvisé par le canon de vendémiaire ; mais les représentants du peuple qui l'avaient vu à Toulon, savaient déjà d'où il était parti, et devinaient peut-être où il pourrait arriver.

Le général de division Bonaparte réorganisa la garde nationale ; il forma la garde du Directoire et celle du Corps Législatif ; il se chargea de veiller aux intérêts les plus graves de l'État, en se consacrant tout entier au maintien de l'ordre public. Chaque jour, Napoléon parcourait à cheval les rues, les halles, les faubourgs de Paris ; il haranguait la multitude ; il commençait à pratiquer l'art difficile de se faire aimer du peuple en le gouvernant.

Dans une de ces promenades officielles, Bonaparte et son brillant état-major furent assaillis par des malheureux, qui se plaignaient de la disette et qui demandaient du pain. Une femme de la halle, grosse, grasse, rouge, s'écria tout à coup, les yeux fixés sur le général :

— Tandis que le pauvre peuple meurt de faim, voilà des épauletiers qui mangent et qui s'engraissent !

— La bonne, répondit Napoléon, regardez-moi bien : quel est le plus gras de nous deux?

La foule oublia qu'elle avait faim, pour crier en riant : Vive le général! vive Bonaparte!

Le succès du 13 vendémiaire ne fut pas seulement utile à l'avancement militaire de Napoléon : il influa brillamment sur sa gloire et sur sa fortune, en lui faisant connaître madame Joséphine de Beauharnais.

« On avait exécuté, raconte le *Mémorial de Sainte-Hélène*, « le désarmement général des sections; il se présenta, à l'é- « tat-major, un enfant de dix ou douze ans, qui vint supplier « le général en chef de lui faire rendre l'épée de son père, « qui avait été général de la République : cet enfant était « Eugène de Beauharnais, depuis vice-roi d'Italie. Bona- « parte, touché de la nature de sa demande et des grâces « de son âge, lui accorda ce qu'il demandait. Eugène se mit « à pleurer en voyant l'épée de son père ! Le général en fut « ému, et lui témoigna tant de bienveillance, que madame « de Beauharnais se crut obligée de venir, le lendemain, lui « en faire des remerciements; Bonaparte s'empressa de lui « rendre sa visite. »

— Citoyen général, lui dit Joséphine, en le recevant chez

elle pour la première fois, vous ne me connaissez pas encore, et il me semble, je ne sais pourquoi, qu'il m'importe beaucoup d'être bien connue de vous. J'ai trente-trois ans ; j'appartiens à la famille des Tascher de la Pagerie, une des plus riches familles de la Martinique. Je suis la veuve du vicomte de Beauharnais, général de la République, assassiné par Robespierre ; voilà une lettre de mon mari, écrite quelques heures avant sa mort : vous allez juger si un pareil *suspect* avait démérité de la France et de la liberté !...

Madame de Beauharnais se mit à lire, d'une voix émue, la lettre suivante, qui était un adieu suprême de son mari :

« Nuit du 6 au 7 thermidor an II, à la Conciergerie.

« Encore quelques minutes à la tendresse et aux regrets ;
« puis, tout entier aux grandes pensées de l'immortalité.
« Quand tu recevras cette lettre, chère bien-aimée, ton mari
« goûtera dans le sein de Dieu la véritable existence : tu
« vois bien qu'il ne te faudra pas pleurer. Je viens de subir
« une nécessité cruelle... mais pourquoi chicaner contre
« la nécessité ? La raison veut que j'en tire le meilleur parti.
« Mes cheveux coupés, j'ai songé à en racheter une portion,

Voilà une lettre de mon mari, écrite quelques heures
avant sa mort.....

« afin de laisser à ma Joséphine, à mes enfants, un gage de
« mon dernier souvenir...... Je sens qu'à cette idée mon
« cœur se brise; adieu donc, tout ce que j'aime ! aimez-
« vous, parlez de moi, et n'oubliez jamais que la gloire de
« mourir martyr de la liberté illustre l'échafaud ! »

— Moi-même, continua madame de Beauharnais en
baisant la lettre testamentaire de son mari, j'ai passé plus
d'une année à Sainte-Pélagie et à la maison d'arrêt de la
rue de Vaugirard. A ma sortie de prison, je serais morte de
misère avec mes enfants, Hortense et Eugène, sans l'amitié
charitable de mesdames Tallien et Récamier ; plus tard, le
citoyen Barras a eu pitié de mon infortune ; j'ai recouvré
ma richesse, et hier encore, le général Bonaparte a daigné
rendre à mon fils l'épée de son père : il ne me reste plus
qu'à remercier Dieu !

Madame de Beauharnais avait un charme auquel il était
difficile de résister : elle n'était pas précisément belle, mais
elle était charmante ; elle avait de la grâce, ce quelque chose
que La Fontaine trouve plus beau que la beauté ; elle avait
le mol abandon, la souplesse élégante, la gracieuse négli-
gence des créoles. Quant au caractère et à l'esprit de José-

phine, tout le monde les connaît en France : elle avait une humeur toujours égale, un cœur excellent, une indulgence inépuisable, une politesse exquise, un grand usage des salons et de la cour d'autrefois, une façon délicieuse de se faire obéir de tous, sans jamais commander à personne ; elle possédait véritablement tout ce qu'il faut à une femme, pour être une reine sur le trône ou une reine dans le monde : Dieu et l'Empereur la firent monter au rang d'Impératrice.

Le général Bonaparte visita souvent madame de Beauharnais ; il la voyait aussi dans les salons à la mode du directeur Barras. Napoléon se surprit à admirer, à étudier le beau langage, les belles manières de cette aimable femme : l'on eût dit qu'en prévoyant son noble, son royal avenir, il cherchait à recevoir de Joséphine des leçons de noblesse et de royauté.

Mes enfants, vous souvient-il de cette douce idée, de cette jolie fable, de ce conte païen qui porte le titre d'*Egérie ?* Cette royauté sans couronne, cette conseillère mystérieuse, qui se cache dans un buisson fleuri, qui parle dans l'ombre, à la façon des oracles, ne signifie-t-elle pas, tout naturellement, la persuasive influence, la tendresse exaltée, l'inspiration presque divine d'une femme ? Voyez, cherchez, regardez bien : vous trouverez toujours une belle Égérie dans la vie intime, dans la vie du cœur des hommes d'élite ; si vous y prenez garde, il apparaîtra soudain à vos yeux, comme par une espèce d'enchantement, une femme à demi voilée qui les aime, qui les avertit, qui les protége et qui les inspire : l'Égérie de Bonaparte, ce fut Joséphine.

Le mariage de Napoléon avec madame de Beauharnais eut lieu le 8 mars 1796.

Voici, à propos de cette alliance, une anecdote que les biographes de Napoléon ont dénaturée, en l'arrangeant avec un peu d'esprit ; un ancien secrétaire du portefeuille de l'Empereur nous l'a racontée à son tour, très-simplement, et je vous la répète avec les propres paroles de M. le baron Meneval :

« Peu de jours avant son mariage avec Bonaparte, ma-
« dame de Beauharnais fit appeler son notaire. Un matin,
« M. Raguideau se présenta chez sa cliente, qui était encore
« couchée : les personnes qui se trouvaient dans la chambre
« sortirent, à son arrivée, excepté un jeune homme, qui
« n'attira pas l'attention du notaire, et qui alla se placer
« dans l'embrasure d'une croisée. Après avoir causé de

« quelques dispositions relatives à son mariage, madame de
« Beauharnais voulut savoir ce que l'on en disait : M. Ra-
« guideau ne lui cacha point que ses amis voyaient avec
« peine son union avec un militaire sans fortune, plus jeune
« qu'elle, qu'il lui faudrait soutenir au service, qui pouvait
« être tué à l'armée et la laisser au dépourvu avec des en-
« fants. Le notaire n'hésita point à ajouter qu'avec sa for-
« tune de 25,000 francs de rente, elle pouvait faire un ma-
« riage plus avantageux, et qu'il se croyait, en conscience,
« obligé de lui faire ces représentations, dictées par son de-
« voir et par l'intérêt qu'il lui portait. Il finit par lui dire,
« entraîné par son zèle, que cet officier était, sans nul doute,
« un homme très-recommandable, mais qu'enfin il n'avait
« que la cape et l'épée. — Madame de Beauharnais le re-
« mercia de ses conseils; elle appela ensuite en riant le
« jeune homme qui était resté debout devant la fenêtre,
« jouant sur les carreaux avec ses doigts. Il n'est pas néces-
« saire de vous apprendre que ce jeune homme était le gé-
« néral Bonaparte. — Général, lui dit madame de Beauhar-
« nais, avez-vous entendu ce que vient de dire M. Ragui-
« deau ? — Oui, répondit-il ; il a parlé comme un honnête
« homme, et ce qu'il vous a dit me donne de l'estime pour

« lui ; j'espère qu'il continuera à se charger de nos affaires,
« car il m'a disposé à lui accorder toute ma confiance. —
« M. Raguideau fut un peu déconcerté ; au reste, il n'eut
« pas à se repentir de sa franchise. Napoléon tint les pro-
« messes du général Bonaparte : il le nomma notaire de la
« liste civile, et le traita toujours avec bienveillance. Voilà
« l'historiette, dans toute sa simplicité. »

Le mariage de Bonaparte avec madame de Beauharnais
devait valoir au jeune général la puissante protection de
Barras et de Tallien, qui gouvernaient la France.

Un grand citoyen, que l'on appelle Carnot, était un des
membres du Directoire. Carnot, qui avait organisé le mouvement armé de 93, avec le dévouement énergique d'un
républicain et l'habileté admirable d'un savant homme de
guerre, fut le premier qui daigna jeter les yeux sur le général Bonaparte pour remplacer le général Schérer en Italie.

Carnot ne sera ni le courtisan, ni le serviteur du Consulat
et de l'Empire ; mais comme il est l'ami de la France, il
viendra jeter tôt ou tard son épée républicaine aux pieds de
l'Empereur, pour défendre avec lui l'honneur de l'Empire
et l'indépendance nationale. Saluez la mémoire de Carnot,
mes enfants !

7

Le commandement en chef de l'armée d'Italie, conféré à Bonaparte, servit de dot à Joséphine. Dès ce moment, Bonaparte eut la conscience de son génie, et, sans doute, il devina le secret de sa grandeur future ; il disait à un représentant du peuple :

« Avant un mois, vous apprendrez que je suis mort, ou « que l'armée autrichienne est en déroute. »

Il disait à un de ses amis, qui avait peur de la jeunesse du nouveau commandant en chef :

« Je vais amasser tant de gloire, que l'on me croira « vieux. »

Il écrivait à madame Lætitia Bonaparte :

« Gardez-moi votre santé, ma mère ; vivez longtemps..... « car, si vous mouriez, je n'aurais bientôt plus que des in- « férieurs dans le monde. »

Le 21 mars 1796, Napoléon quitta Paris pour aller vaincre la coalition étrangère, c'est-à-dire l'Autriche, l'Italie, l'empire germanique, l'Angleterre, la Russie, la Sardaigne , le roi de Naples et le pape.

Nos véritables ennemis, c'étaient les Autrichiens : il s'agissait de leur arracher le Piémont, de les obliger à se défendre, à se laisser vaincre en Italie, sur le champ de bataille qui convenait le mieux aux intérêts révolutionnaires de la France. Le plan de campagne, confié au talent du nouveau général, était précisément le projet de conquête que Bonaparte avait déjà proposé aux représentants du peuple, sous la tente du général Dumerbion. Entre nous, mes enfants, Barras, Tallien et Carnot, qui faisaient beaucoup pour la fortune militaire du mari de Joséphine, ne croyaient pas encore avoir fait quelque chose pour l'avenir d'un grand capitaine, d'un grand politique, d'un grand homme!...

Mes enfants, voilà Bonaparte, dans cette belle Italie qu'il va conquérir, en courant avec la victoire; les Alpes sont le premier degré que va franchir Napoléon pour arriver au trône de la monarchie universelle : dans un an, il conquerra l'Égypte; dans trois ans, il sera premier consul; dans six ans, il sera empereur des Français; et puis roi d'Italie, et puis le maître de l'Europe, et puis grand comme le monde !

J'en ai fini, mes enfants, avec l'histoire de l'enfance et de la jeunesse de Napoléon. Plus tard, lorsque vous recueillerez, de mon cœur et de ma bouche, le souvenir des choses immenses qu'il a faites; quand vous verrez se dérouler, à travers le Consulat et l'Empire, une Iliade plus magnifique, plus étonnante, plus incroyable que le poëme d'Homère, vous direz avec un orateur illustre, avec un prince de l'Église : « Dieu, par cet exemple, a voulu pousser la gloire humaine jusqu'au bout ! »

XI

es enfants, voici ce que l'on appelait une campagne, en 1796.

En arrivant à Nice, le général Bonaparte trouve une pauvre et petite armée qui n'a que de la patience et que du

courage : point d'argent, point de pain, point de munitions, rien de ce qu'il faut à des soldats pour vivre et pour
mourir en combattant.

Comme il lui est encore impossible de donner des trésors à son armée, Bonaparte commence par lui donner de
magnifiques espérances ; il dit à ses nouveaux camarades,
en les consolant de leur misère par le spectacle de leur
grandeur future :

« Soldats !

« Vous êtes nus, mal nourris, et l'on vous doit beaucoup !
« Votre patience et votre courage sont admirables, mais ils
« ne vous procurent aucune gloire. Je viens vous conduire
« dans les plaines les plus fertiles du monde : de riches pro-
« vinces, de grandes villes seront en notre pouvoir. Soldats !
« vous manquez de tout au milieu de ces rochers : jetez les
« yeux sur les contrées qui sont à vos pieds ; elles nous ap—
« partiennent : allons les prendre ! »

C'étaient là de glorieuses promesses, que l'armée d'Italie
se chargea de réaliser elle-même par des victoires, par des
miracles.

A vingt-sept ans, Bonaparte va commander aux vieux soldats de la République ; il va commander à des généraux qui se nomment Masséna, Augereau, Laharpe, Serrurier, Joubert et Kellermann ; il va combattre des adversaires qui ne sont rien moins que Beaulieu, Colli, Mélas, Wurmser, Alvinzy, Provera et le prince Charles ; avec une armée de trente mille hommes et trente pièces de campagne, il va détruire quatre armées autrichiennes ; il va soumettre le Piémont, conquérir l'Italie et menacer l'Allemagne.

L'on a dit que Frédéric II, forcé de lutter contre l'Europe, avait appelé à son aide les ressources d'une tactique nouvelle ; seul contre la coalition européenne, Bonaparte va imaginer des prodiges de stratégie qui seront une nouvelle école pour la gloire.

Les hostilités commencèrent le 10 avril 1796. Quelques jours plus tard, mes enfants, les ennemis de la France avaient passé sous les fourches caudines de *Montenote*, de *Millésimo*, de *Dégo*, de *Mondovi*, de *Coni*, de *Tortone* et d'*Alexandrie* ; c'était plus qu'une bataille et qu'une victoire par jour ! Enfin, mes enfants, les Autrichiens disparurent ; le combat cessa faute de combattants ; le roi de Sardaigne demanda grâce à la République française, et le général Bonaparte eut le droit glorieux de parler ainsi aux soldats de la liberté :

« Vous avez remporté six victoires, pris vingt-un dra-
« peaux, cinquante-cinq pièces de canon, plusieurs places
« fortes, et conquis la partie la plus riche du Piémont ; vous
« avez fait quinze mille prisonniers, tué ou blessé plus de
« dix mille hommes..... grâces vous en soient rendues,
« soldats !..... Mais, il ne faut pas vous le dissimuler, vous
« n'avez rien fait encore, puisqu'il vous reste à faire ; la
« patrie attend de vous de grandes choses : justifierez-vous
« son attente ? Les plus grands obstacles sont franchis sans
« doute ; mais vous avez encore des combats à livrer, des
« villes à prendre, des rivières à passer. En est-il d'entre
« vous dont le courage s'amollisse?... Non, il n'en est pas
« parmi les vainqueurs de Montenotte, de Millésimo, de
« Dégo et de Mondovi : tous brûlent de porter au loin la
« gloire du peuple français ; tous veulent humilier ces rois
« orgueilleux qui osaient méditer de vous donner des fers ;
« tous veulent dicter une paix glorieuse, et qui indemnise
« la patrie des sacrifices immenses qu'elle a faits ; tous
« veulent, en rentrant dans leurs villages, pouvoir dire
« avec fierté : *J'étais de l'armée conquérante de l'Italie!* »

Mes enfants, le général Bonaparte ne voulait pas seulement conquérir des territoires, il voulait aussi délivrer des peuples ; il disait donc à ses soldats :

« Amis, je vous la promets, cette conquête ; mais il est
« une condition qu'il faut que vous juriez de remplir : c'est
« de respecter les peuples que vous délivrez, c'est de ré-
« primer les pillages horribles auxquels se portent des scé-
« lérats suscités par vos ennemis ; sans cela, vous ne seriez
« point les libérateurs des peuples, vous en seriez les fléaux ;
« vous ne seriez pas l'honneur de la France, elle vous désa-
« vouerait ; vos victoires, votre courage, vos succès, le
« sang de vos frères morts aux combats, tout serait perdu,
« même l'honneur et la gloire ! »

Les soldats de Bonaparte comprirent ce noble langage ; ils se préparèrent à de nouveaux triomphes, et les grandes choses recommencèrent de plus belle : la conquête de la haute Italie était devant eux ! Dépêchons-nous, mes enfants ; tâchons de les suivre à la course, au vol, à la pensée : les vainqueurs de ce temps-là ressemblent aux morts de la ballade..... ils vont vite !

Après avoir adressé au gouvernement de la République les drapeaux ennemis et le traité d'armistice conclu avec le roi de Sardaigne, Bonaparte combine un second plan de campagne, et il écrit au Directoire :

« Je marche demain sur Beaulieu ; je l'oblige à repasser
« le Pô ; je m'empare de toute la Lombardie, et avant un
« mois j'espère être sur les montagnes du Tyrol, trouver
« l'armée du Rhin, et, de concert avec elle, porter la guerre
« dans la Bavière. »

Malheur à la maison d'Autriche ! désormais, le grand général commence à s'associer, dans la fortune, dans le génie de Napoléon, avec le grand politique.

Aux premiers pas de ces géants que l'on appelle les soldats républicains, les ducs de Parme et de Modène demandent la paix, en offrant à l'armée de la République des vivres, des munitions, des trésors, des tableaux admirables signés par les plus grands maîtres, et qui doivent figurer dans le Panthéon du Musée de Paris. Dans quelques jours peut-être, le pape sera forcé de livrer aux vainqueurs de Senio des manuscrits précieux, des toiles, des statues, des chefs-d'œuvre, au choix des commissaires français : Napoléon prépare déjà les ornements, les magnificences de l'Empire.

L'on jurerait, mes enfants, que la coalition étrangère avait hâte de jeter aux pieds de Bonaparte les couronnes de triomphateur qu'elle avait destinées d'abord, l'orgueilleuse ! aux pauvres généraux de l'Autriche.

Le 10 mai 1796, le général Beaulieu apporte au jeune général de la République les clefs de la ville de Milan et de la Lombardie tout entière, en lui cédant la célèbre victoire de Lodi. Après cette grande bataille, mes enfants, Napoléon devient le premier acteur de la scène politique, le maître du Directoire et le demi-dieu des soldats.

Le 31 juillet et le 3 août, le général Quosdanowich vient lui offrir les victoires de Salo et de Lonato, en s'enfuyant dans les montagnes du Tyrol.

Le 5 août, le général Wurmser a la bonté de lui offrir, à son tour, la fameuse victoire de Castiglione... tant il est pressé, sans doute, de se jeter dans le pays de Trente, avec une armée qui a perdu vingt mille hommes et cinquante pièces de canon.

Mes enfants, je suis lasse de combattre et de vaincre : passons vite sur le glorieux champ de bataille de Roveredo, où les Autrichiens abandonnent sept mille prisonniers, vingt-cinq pièces de canon et sept drapeaux ; passons en courant sur la ville de Bassano, où les soldats de Wurmser perdent, en quelques heures, six mille prisonniers, trente pièces de canon, un parc immense de bagages et de voitures ; passons sur le faubourg Saint-Georges, où les ennemis perdent quatre mille hommes, trois drapeaux et onze pièces de canon ; arrêtons-nous un instant dans le petit village d'Arcole, au pied d'un grand arbre qui est précisément un laurier.

Trois armées autrichiennes ont été détruites. Vous savez déjà, mes enfants, ce que Bonaparte a daigné faire des généraux Colli, Beaulieu et Wurmser ; voyons ce qu'il fera d'une quatrième armée que lui oppose l'Autriche, et d'un nouveau général que l'on nomme Alvinzy.

La bataille d'Arcole dura trois jours. Le 15 novembre 1796, ô miracle ! la première attaque du général Bonaparte est repoussée par les ennemis ; Augereau se précipite sur le pont d'Arcole, un drapeau tricolore à la main, sans pouvoir se faire obéir ; Napoléon s'écrie, au milieu de la mitraille : « Soldats ! n'êtes-vous plus les braves de Lodi ? Suivez-moi ! » Lannes est blessé trois fois, en défendant son général en chef ; le brave Muiron est tué, en secourant son maître et son ami ; Bonaparte lui-même tombe dans un marais, et tout est perdu peut-être.... Rassurez-vous, mes enfants : le

15 novembre, l'armée française sauva son général et traversa le pont d'Arcole ; le 16 novembre, nouvelle défaite pour les Autrichiens ; le 17 novembre, encore une bataille, encore une victoire pour Bonaparte : le maréchal Alvinzy, après avoir perdu douze mille hommes, nous laissa quatre drapeaux, six mille prisonniers et dix − huit pièces de canon.

Alvinzy battit en retraite en nous disant : Au revoir ! Le général Bonaparte le revit en effet, le 14 janvier suivant, et il profita de cette seconde entrevue pour gagner la bataille de Rivoli ; trois jours plus tard, les Autrichiens furent vaincus au combat de la Favorite, où le général Provera devint notre prisonnier. Wurmser, assiégé dans la place de Mantoue, consentit à remettre son épée au jeune capitaine de la République, et Napoléon partit pour Bologne, afin de ne point humilier un vieil et brave adversaire , afin de laisser une épée honorable aux mains du courage malheureux. Mes enfants, rendons justice au noble défenseur de Mantoue : il eut assez de cœur ou assez d'esprit pour remercier et pour servir l'ennemi qui l'avait tant de fois vaincu. Un jour, Bonaparte fut averti, par un message anonyme, d'un projet d'empoisonnement que l'on méditait contre lui dans la Romagne ; l'auteur dévoué de ce message, c'était Wurmser.

L'Autriche, si souvent battue, si souvent humiliée par la République française, n'avait point encore subi assez d'humiliations, assez de défaites. Près de commencer une nouvelle campagne contre l'empereur, représenté par un archiduc, par le prince Charles, le général Bonaparte voulut rendre compte à son armée de tout ce qu'elle avait fait pour la France, pour le monde et pour la gloire. Le 9 mars 1797, Napoléon parlait ainsi aux conquérants de l'Italie :

« Soldats !

« La prise de Mantoue vient de finir une campagne qui
« vous a donné des titres éternels à la reconnaissance de la
« patrie. Vous avez été victorieux dans quatorze batailles
« rangées et dans soixante-six combats. Vous avez fait cent
« mille prisonniers, pris cinq cents pièces de canon de cam-
« pagne, deux mille de gros calibre et quatre équipages de
« pont. Les contributions mises sur le pays que vous avez
« conquis ont nourri, entretenu, soldé l'armée pendant toute
« la campagne. Vous avez, en outre, envoyé trente millions

« au ministre des Finances, pour le soulagement du trésor
« public. Vous avez enrichi le Muséum de Paris de trois cents
« chefs-d'œuvre de l'ancienne et nouvelle Italie, et qu'il a
« fallu trente siècles pour produire. Vous avez conquis à la
« République les plus belles contrées de l'Europe. Les ré-
« publiques transpadane et cispadane vous doivent leur li-
« berté. Les couleurs françaises flottent pour la première
« fois sur les bords de l'Adriatique, en face et à vingt-quatre
« heures de la patrie d'Alexandre. Les rois de Sardaigne,
« de Naples, le pape, le duc de Parme, se sont détachés de
« la coalition de vos ennemis, et ont brigué votre amitié.
« Vous avez chassé les Anglais de Livourne, de Gênes, de
« la Corse ; mais vous n'avez pas encore tout achevé : sol-
« dats ! une grande destinée vous est réservée ! »

Le lendemain, la République armée se remit en marche,
pour aller briser la monarchie autrichienne sur l'épée d'un
archiduc d'Autriche. Bonaparte commandait à cinquante-
trois mille hommes, auxquels s'étaient réunies la division
Delmas et la division Bernadotte. Mes enfants, Bernadotte
a trahi l'empereur Napoléon en 1813, mais il seconda vaillamment le général Bonaparte en 1797. Il disait à ses sol-

dats en les présentant, si je puis m'exprimer ainsi, aux vainqueurs de Lodi, de Castiglione et d'Arcole :

« Soldats de l'armée du Rhin, songez que l'armée d'Italie « nous regarde ! »

Voilà une sublime parole, mes enfants, l'expression admirable d'une héroïque jalousie qui ne doit pas inspirer longtemps le cœur de Bernadotte !

L'Autriche avait envoyé contre Bonaparte quatre armées qui n'avaient pas de généraux : en lui opposant le prince Charles dans une dernière campagne, l'Autriche envoyait, contre le vainqueur de l'Italie, un général qui n'avait pas d'armée. C'est Napoléon qui a dit cela, mes enfants, aux négociateurs de Léoben : c'est un beau compliment à l'adresse de l'archiduc d'Autriche ; c'est l'oraison funèbre du génie militaire du prince Charles, prononcé par un homme de génie qui a de l'esprit et du cœur.

La bataille de Tagliamento fit disparaître la dernière armée et le dernier général que l'Autriche avait prêtés à la coalition européenne. Les Autrichiens furent poursuivis, de défaite en défaite, jusque dans l'Allemagne ; Joubert pénétra dans le Tyrol ; Bonaparte établit son quartier-général à Léoben, l'épée sur le cœur de la monarchie autrichienne, et le prince Charles se décida, bon gré, mal gré, à demander un armistice.

Autrefois, mes enfants, la ville de Palerme, conquise par le courage de quelques chevaliers français, servit de théâtre à la représentation de cette affreuse tragédie que l'on appelle, dans l'histoire, les *Vêpres siciliennes*. Eh bien! tandis que Bonaparte négociait à Léoben, dans l'intérêt des peuples, les nobles et les prêtres prêchaient, dans les églises de Venise, la haine contre la France et le meurtre des Français. Les solennités religieuses de la semaine sainte furent souillées par un horrible sacrifice que Dieu ne demandait pas : le sang de nos pauvres pères coula sous le poignard des assassins, dans les rues, dans les maisons, dans les hôpitaux, au son des cloches qui célébraient la seconde fête pascale; les bourreaux vénitiens étaient jaloux des bourreaux de l'ancienne Sicile : Palerme avait eu ses vêpres sanglantes; Venise voulut avoir ses *Pâques vénitiennes*.

La punition d'un pareil crime ne se fit pas attendre : l'autocratie de quelques familles fut remplacée par un gouvernement démocratique; ce jour-là, surtout, Bonaparte mérita le glorieux surnom de *libérateur de l'Italie*, et le lion ailé de Saint-Marc prit son vol pour aller s'abattre sur une place de Paris, à l'ombre du drapeau de la République française.

Enfin, mes enfants, l'Italie fut complétement soumise, et l'on parla de nouveau d'un traité de paix entre la France et l'Autriche. Les négociations furent difficiles, violentes, presque orageuses; il y eut, dans la conduite diplomatique de Bonaparte, quelque chose qui trahissait parfois l'impatience et l'heureuse audace du général; un jour, Napoléon répondit aux menaces de M. le comte de Cobentzel :

« Puisque vous le voulez, la trêve est rompue, la guerre « est déclarée ; mais souvenez-vous que je briserai votre « monarchie comme je brise cette porcelaine ! »

Et là-dessus, mes enfants, Bonaparte se mit à briser, aux pieds de son adversaire, je ne sais quelle petite merveille de porcelaine que M. de Cobentzel avait reçue de Catherine II.

L'Autriche fut effrayée : elle eut peur de ressembler, tôt ou tard, à cette magnifique porcelaine de Catherine, que le général Bonaparte venait de réduire en poussière ; elle consentit à signer le célèbre traité de *Campo-Formio*, qui fut la dernière victoire de la campagne d'Italie.

Une dépêche de Bonaparte, adressée au Directoire pen-

Souvenez-vous que je briserai votre monarchie comme
je brise cette porcelaine.

dant les préliminaires de la paix, révéla sans doute aux directeurs le véritable avenir, la grandeur politique d'un général qu'ils avaient estimé, qu'ils avaient servi, sans l'avoir deviné tout à fait.

« Si, au commencement de la campagne, écrivait Bona-
« parte, je me fusse obstiné à aller à Turin, je n'aurais ja-
« mais passé le Pô ; si je m'étais obstiné à aller à Rome,
« j'aurais perdu Milan ; si je m'étais obstiné à aller à Vienne,
« peut être aurais-je perdu la République. Dans l'état des
« choses, les préliminaires de la paix, même avec l'empe-
« reur, sont devenus une opération militaire ; ce sera un
« monument de la gloire de la République française, et un
« présage infaillible qu'elle peut, en deux campagnes, sou-
« mettre le continent de l'Europe. Quant à moi, je vous
« demande du repos : j'ai justifié la confiance dont vous
« m'avez investi ; je ne me suis jamais considéré pour rien
« dans toutes mes opérations, et je me suis lancé aujourd'hui
« sur Vienne, ayant acquis plus de gloire qu'il n'en faut pour
« être heureux, ayant derrière moi les superbes plaines de
« l'Italie, comme j'avais fait au commencement de la cam-
« pagne dernière, en cherchant du pain pour l'armée que
« la République ne pouvait plus nourrir. »

O mes enfants! saluons le plus humblement qu'il nous sera possible le vainqueur de Beaulieu, de Colli, de Mélas, de Wurmser, d'Alvinzy, de Provera et du prince Charles! Saluons, en l'admirant encore, le négociateur de Campo-Formio, qui jette l'épée de la République dans la balance des royautés de l'Europe, et répétons ensemble les grandes choses qu'il vient de faire, pour qu'il vous en souvienne toujours :

27 mars 1796. . . . . . Bonaparte à Nice.

11 avril. . . . . Bataille de Montenotte.

14   » . . . . Bataille de Millesimo.

15   » . . . . Combat de Dégo.

22   » . . . . Bataille de Mondovi.

25   » . . . . Prise de Cherasco.

28   » . . . . Armistice de Cherasco.

7 mai . . . . Passage du Pô.

8   » . . . . Combat de Fombio.

9   » . . . . Armistice avec le duc de Parme.

10   » . . . . Bataille de Lodi.

15   » . . . . Entrée à Milan.

20   » . . . . Armistice avec le duc de Modène.

30 mai	Passage du Mincio.
5 juin	Armistice avec le roi de Naples.
23 »	Armistice avec le Pape.
29 »	Entrée à Livourne.
30 »	Prise du château de Milan.
31 juillet	Combats de Salo et de Lunato.
3 août	Bataille de Lunato.
5 »	Bataille de Castiglione.
4 septembre.	Bataille de Roveredo.
8 »	Bataille de Bassano.
19 »	Bataille de Saint-Georges.
25 »	Combat de Governolo.
1er octobre.	Prise de Seraglio.
12 novembre	Combat de Caldiero.
15, 16, 17 » . . .	Bataille d'Arcole.
14 janvier 1797. . . .	Bataille de Rivoli.
17 »	Combat de la Favorite.
2 février.	Capitulation de Mantoue.
4 »	Combat de Senio.
19 »	Traité de Tolentino.
16 mars.	Combat du Tagliamento.
17 octobre.	Traité de Campo-Formio.

O mes enfants! voilà les plus belles fêtes du calendrier de la République : l'Italie! l'Italie!...

Où trouver des accents, des mots et des pensées,
        Pour tant de gloires amassées
        Au firmament d'un Panthéon?...
Souvenirs constellés d'une seule victoire
Qui renaît chaque jour, dans une même histoire,
        Sous les traits de Napoléon!

XII

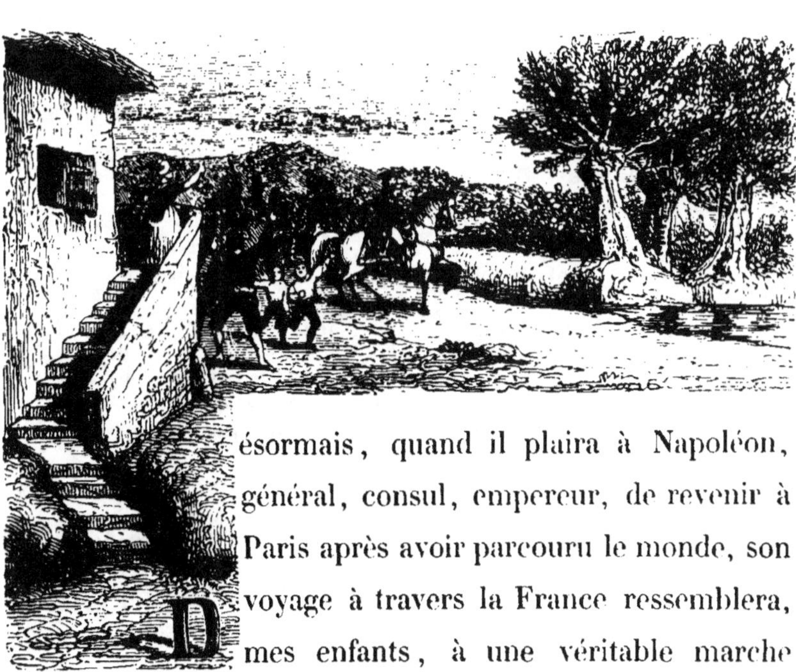

ésormais, quand il plaira à Napoléon,
général, consul, empereur, de revenir à
Paris après avoir parcouru le monde, son
voyage à travers la France ressemblera,
mes enfants, à une véritable marche

triomphale : il triomphait hier encore, lorsqu'il revenait parmi nous, couché dans un cercueil, au bruit des applaudissements du peuple, qui étaient les battements du cœur d'une grande nation ; il triomphait en revoyant la patrie, à son retour merveilleux de l'île d'Elbe ; il triomphait en apportant à l'Empire les drapeaux d'Austerlitz, ou en apportant à la République les trophées de Marengo ; il triomphait d'un bout du pays à l'autre, le héros fabuleux de la campagne d'Égypte ; enfin, n'est-ce pas un admirable triomphe que celui du vainqueur de l'Autriche, du conquérant de l'Italie, salué par la France révolutionnaire, au nom de la gloire et de la liberté?...

Bonaparte était devenu l'homme nécessaire, l'homme indispensable, la personnification glorieuse du pays. En le voyant, le peuple ne criait plus : « Vive la République ! » il disait, en pleurant d'orgueil et de joie : « Vive Bonaparte ! » La popularité de Napoléon, après la conquête de l'Italie, fut immense, comme sa gloire, comme son génie.

Le triomphe populaire d'un général victorieux empêchait le Directoire de dormir : il essaya de cacher sa faiblesse dans la grandeur apparente des pompes et des fêtes officielles. La cour du Luxembourg servit de théâtre à la re-

présentation d'une pièce en vers et en prose ; les rôles furent
distribués aux plus habiles comédiens de la troupe direc-
toriale : les cinq directeurs embrassèrent un héros, en regrettant sans doute de ne pouvoir pas l'étouffer.

Cette fête extraordinaire, cette éclatante solennité du
Luxembourg, eut lieu le 10 décembre 1797. Les cinq directeurs s'étaient affublés du costume antique : ils voulaient
représenter, je l'imagine, les grands hommes de Rome et
les grands hommes d'Athènes. Pardonnons-leur ce ridicule, mes enfants : peut-être voulaient-ils exprimer, en
étalant aux yeux de Bonaparte la glorieuse draperie des
Grecs et des Romains, que les gloires de l'antiquité tout entière venaient rendre hommage, en un pareil jour, à la gloire
moderne du général de Lodi, de Millesimo et d'Arcole.

Barras prononça un discours au nom du Directoire ; il
disait *que la nature avait épuisé toutes ses richesses pour
créer Bonaparte ;* il disait *que Bonaparte avait médité ses
conquêtes avec la pensée de Socrate, et qu'il avait réconcilié
l'homme avec la guerre.*

Barras aurait dû se borner à dire tout simplement : Général, vous avez conquis l'Italie et vaincu l'Autriche ; vous
avez donné cinquante millions à la République, et vous

êtes pauvre ; vous avez délivré des peuples et humilié des rois : approchons-nous de l'autel de la Patrie, et rendons grâces à Dieu, qui protége la France !

Les cinq directeurs restèrent, pendant toute la cérémonie, sous un dais magnifique, à l'ombre des drapeaux d'Italie. Il ne restait à Napoléon qu'à faire tomber sur eux les trophées de sa conquête, pour qu'il n'y eût plus en France ni directeurs ni Directoire.

Quelques jours après la comédie sentimentale de *la Jalousie et la Peur*, représentée sur le théâtre improvisé du Luxembourg, Bonaparte accepta une nouvelle fête qui lui fut donnée par les conseils législatifs, dans la galerie du Muséum, au milieu de ces chefs-d'œuvre, de ces merveilles, de ces magnificences de l'art ancien et moderne qu'il avait conquis sur les musées de l'Italie. Les ministres eurent également l'honneur de recevoir et de fêter Napoléon : chez M. de Talleyrand, la belle cantatrice Grassini chanta un hymne de Chénier, dont la musique avait été composée par Méhul, et le poëte Lebrun lui adressa le distique suivant :

> Héros cher à la paix, aux arts, à la victoire,
> Tu conquis en deux ans mille siècles de gloire !

Tous les théâtres de Paris jouèrent des pièces de circonstance en l'honneur du grand général et de sa grande armée. Un royaliste, M. de Bonald, lui offrit la dédicace d'un livre. Un républicain, le peintre David, lui offrit l'hommage de ses pinceaux ; Napoléon répondit au célèbre artiste : Représentez-moi calme sur un cheval fougueux. La municipalité parisienne voulut complimenter d'une façon vraiment populaire le jeune vainqueur de l'Italie : la rue Chantereine, où demeurait Bonaparte, prit tout à coup le nom de rue *de la Victoire*. Les savants, à leur tour, eurent assez d'esprit pour honorer la science en appelant dans le sein de l'Institut un homme, un soldat, un conquérant qui savait parler de mathématiques avec Lagrange, de chimie avec Berthollet, de théâtre avec Arnault, de métaphysique avec Sieyès, de poésie avec Chénier, de politique avec Gallois, de littérature avec Bernardin de Saint-Pierre, de géométrie avec Laplace, et de législation avec Daunou.

Chose étrange ! lorsque Bonaparte n'a plus rien à faire à Paris, en France, ou sur les champs de bataille de l'étranger, il se souvient d'Alexandre et il oublie l'Europe. Aujourd'hui encore, fatigué de voir passer sous les fenêtres de son hôtel le triomphe de sa propre gloire, il croit voir briller au soleil les minarets du Caire, d'Alexandrie, et il rêve de nouveau de l'empire d'Orient !

Mes enfants, la prédiction des fées continue à s'accomplir : le général de vingt-sept ans a conquis l'Italie ; laissez passer le génie de Bonaparte : il va conquérir l'Egypte !

XIII

oici une fable en action, mes enfants.

Le 19 mai, an VI de la République, c'est-à-dire de l'année 1798, Bonaparte, suivi d'une escadre qui portait quarante mille hommes, sortit de la rade de Tou—

lon sous les feux d'un soleil de Provence dont la splendeur illuminait la Méditerranée tout entière.

L'élite de la France était avec Napoléon : Kléber, Desaix, Régnier, Dumas, Lannes, Rampon, Murat, Davoust, Junot, Caffarelly, Brueys, Villeneuve, Decrès, Gantheaume, et bien d'autres héros que je passe... ils étaient tant !

N'oubliez pas, mes enfants, cette admirable singularité que l'on ne trouve que dans l'histoire de cette merveilleuse expédition : Bonaparte ne partait pas seulement avec le titre de général ; il partait aussi avec le titre de membre de l'Institut. Il commandait à la fois à des soldats et à des savants ; il avait réuni autour de lui les plus illustres de ses collègues : Monge, Fourrier, Berthollet, Say, Desgenettes, Larrey, Denon, Redouté, Parceval-Grandmaison, des mathématiciens, des peintres, des médecins, des littérateurs, des poëtes, des archéologues.

On se demandait d'un bout du pays à l'autre : Où va tout ce grand monde de la France, cette glorieuse députation de la République ? — Nul ne le savait ; le mot de l'énigme, que personne n'avait eu la pensée de lire, était écrit sur la proue du vaisseau-amiral qui portait Napoléon et sa fortune : L'ORIENT.

Le général Bonaparte s'en allait donc en Égypte, mes enfants, dans la terre de Chéops, dans ce pays qui avait servi de refuge à tous les dieux de la Fable, dans cette patrie des Pharaons qui avait vu la captivité des Juifs dont nous parle la Bible.

Par précaution contre la flotte anglaise, ou plutôt pour se faire la main en passant, le général Bonaparte s'empara de Malte : un coup de canon détruisit ce dernier asile de la chevalerie religieuse, qui avait été une donation, un présent magnifique de l'empereur Charles-Quint. La prise de Malte compléta pour la France la conquête, j'allais dire la canalisation de la Méditerranée.

Treize jours plus tard, nos aventureux conquérants aperçurent enfin les minarets d'Alexandrie, cette ville qu'Alexandre avait fait éclore en frappant le sol du bout de sa lance. Les soldats de Bonaparte regardèrent ce nouveau monde sans le deviner encore, et le général en chef, les yeux fixés sur la tour des Arabes, parla pour la première fois à ses compagnons de la terre promise d'Égypte.

Malgré les approches de la nuit, et en dépit des menaces de la tempête, Bonaparte fit commencer le débarquement

de ses troupes ; en ce moment, une voile ennemie fut signalée...

— Fortune ! s'écria Napoléon ! m'abandonnerais-tu ?...
Je ne te demande que cinq jours !...

Ne tremblez pas, ne pleurez pas, mes enfants.... La Fortune, qui l'abandonna plus tard, lui était alors bien favorable : cette voile ennemie que l'on avait signalée.... c'était
une frégate française.—Dieu merci, Nelson n'a pas encore
trouvé Bonaparte !

On l'a déjà dit avant moi, mes enfants : les proclamations
et les bulletins sont la littérature des conquérants. Vous
allez juger, en Égypte, du génie littéraire de Bonaparte ; il
disait à ses soldats, en leur montrant les murailles d'Alexandrie :

« Les peuples avec lesquels nous allons vivre sont maho-
« métans ; leur premier article de foi est celui-ci : *Il n'y a*
« *d'autre Dieu que Dieu, et Mahomet est son prophète.* Ne les
« contredisez pas ; agissez avec eux comme vous avez agi
« avec les juifs, avec les Italiens ; ayez pour les cérémonies
« prescrites par le Koran, pour les mosquées, la même tolé-
« rance que vous avez eue pour les couvents, pour les sy-

« nagogues, pour la religion de Moïse et celle de Jésus-
« Christ ; les légions romaines protégeaient toutes les reli-
« gions. Les peuples chez lesquels nous allons traitent les
« femmes différemment que nous ; mais, dans tous les pays,
« celui qui viole est un monstre. Le pillage n'enrichit qu'un
« petit nombre d'hommes : il nous déshonore ; il détruit
« nos ressources ; il nous rend ennemis des peuples qu'il
« est de notre intérêt d'avoir pour amis. La première ville
« que nous allons rencontrer a été bâtie par Alexandre :
« nous trouverons, à chaque pas, de grands souvenirs di-
« gnes d'exciter l'émulation d'une grande armée. »

Le jour même du débarquement des troupes françaises,
à trois heures du matin, le drapeau tricolore flotta sur les
murs d'Alexandrie : une marche forcée à travers les sables,
un assaut presque facile, grâce à la furie française, et tout
fut dit.

Le général Bonaparte avait parlé d'honneur et de gloire à
ses soldats ; il parla de religion et de liberté à ses ennemis.
Il disait aux musulmans d'Alexandrie :

« Depuis trop longtemps, les beys qui gouvernent l'Égypte

« insultent à la nation française : l'heure de leur châtiment
« est arrivée. Depuis trop longtemps, ce ramassis d'esclaves,
« achetés dans le Caucase et la Géorgie, tyrannise la plus
« belle partie du monde ; mais Dieu, de qui dépend tout, a
« ordonné que leur empire finît. Peuple de l'Égypte ! on
« vous dira que je viens pour détruire votre religion ; ne le
« croyez pas : répondez que je viens vous restituer vos droits
« et punir les usurpateurs ; répondez que je respecte, plus
« que les mameluks, Dieu, son prophète et le Koran ; dites-
« leur que tous les hommes sont égaux devant Dieu : la sa-
« gesse, les talents et les vertus mettent seuls de la diffé-
« rence entre eux. Y a-t-il une belle terre ? elle appartient
« aux mameluks ; y a-t-il une belle esclave, un beau che-
« val, une belle maison ? tout cela appartient aux mameluks.
« Si l'Égypte est leur ferme, qu'ils montrent donc le bail
« que Dieu leur a fait ! Qadhys, Cheykhs, Imans, Tchorbad-
« zys, dites au peuple que nous sommes aussi de vrais mu-
« sulmans : n'est-ce pas nous qui avons été, dans tous les
« temps, l'ami du Grand-Seigneur et l'ennemi de ses enne-
« mis ?... Trois fois heureux ceux qui seront avec nous ; ils
« prospéreront dans leur fortune et leur rang ! Heureux ceux
« qui seront neutres : ils auront le temps de nous connaître,

Marche de l'armée française sur le Caire.

« et ils se rangeront avec nous ! Mais malheur, trois fois
« malheur à ceux qui s'armeront pour les mameluks et
« combattront contre nous ! il n'y aura pas d'espérance
« pour eux : ils périront ! »

Bonaparte n'oubliait rien de ce qui enfante les prodiges.
Le lendemain de la prise d'Alexandrie, il voulut honorer, à
sa manière sublime, les soldats qui étaient morts dans cette
première lutte : il les fit ensevelir au pied de la colonne
de Pompée !

Dans cette superstitieuse Égypte, les traditions exercent
une grande influence sur l'esprit du peuple. Or, mes enfants, une tradition égyptienne promettait la conquête du
pays tout entier au conquérant qui serait le maître du
Kaire ; le général Bonaparte fut de cet avis sans doute : il
confie à Kléber le commandement de la place d'Alexandrie ;
il fait conduire la flotte française dans la rade d'Aboukir, et
il marche sur le Kaire par le chemin le plus court, par le
désert !

Dans le désert, mes enfants, la fatigue, la faim, la soif,
une chaleur affreuse, découragèrent un moment l'armée de
Bonaparte, les vainqueurs de l'Autriche, les conquérants de

l'Italie ; nos pauvres soldats avaient à lutter aussi contre un mal inconnu que leur envoyait le climat de l'Égypte, contre un adversaire terrible qui se cachait dans les illusions du *mirage :* le mirage, mes enfants, c'est un caprice de la lumière, un jeu du soleil qui s'amuse avec les vapeurs de la terre, et tant que brille ce vaste miroir, qui n'est qu'une espèce de nuage, l'on croit voir devant soi un lac immense... Et l'on se précipite vers ces eaux si fraîches, si limpides, qui semblent marcher et qui fuient toujours : c'est le supplice de Tantale !

A la fin, mes enfants, voilà le Nil, qui est un dieu pour l'Égypte, et qui devient un dieu pour les Français !

Après la bataille de *Chebreis,* où les vaillants mameluks de Mourad-Bey furent vaincus au pas de charge, Bonaparte reprit la route de la ville sainte, de la capitale de l'Égypte. Le 21 juillet 1798, l'armée française s'arrêta dans les environs du village d'Embabé ; pour la première fois, depuis les croisades, l'Occident et l'Orient allaient se rencontrer sur un champ de bataille.

Le spectacle qui se déroulait en ce moment solennel, aux yeux de l'armée française, était d'une richesse et d'une grandeur magnifiques : les armes et les brillants costumes des mameluks reflétaient les rayons du plus beau soleil de l'Orient ; les trois cents minarets du Kaire s'illuminaient d'une éclatante auréole ; le vieux Nil coulait tranquillement, sans prendre garde à ces milliers de combattants qui venaient ensanglanter son rivage ; nos soldats pouvaient voir, à leur gauche, les ruines de Memphis, et à leur droite, les Pyramides, ces témoins silencieux et indifférents des plus grandes vicissitudes de ce monde : elles devaient assister, ce jour-là, avec le même dédain, avec la même indifférence, au passage et au triomphe d'une nouvelle fortune.

— Soldats ! s'écria Napoléon, d'une voix tremblante à force d'enthousiasme, vous allez combattre aujourd'hui les dominateurs de l'Égypte ; songez que, du haut de ces monuments, quarante siècles vous contemplent !

L'on se battit de part et d'autre avec un courage héroïque, avec une audace chevaleresque ; l'on se battit durant dix-neuf heures, mes enfants, et la bataille des Pyramides fut gagnée !

L'armée victorieuse entra dans la ville du Kaire, et grâce à la sévère sagesse du général en chef, les vainqueurs respectèrent la religion établie, les mosquées, les femmes, tout ce que les musulmans respectaient eux-mêmes ; Bonaparte ne sortit un seul jour de la ville conquise que pour détruire les mameluks d'Ibrahim, dans le combat de Salahié. Les ennemis fuyaient vers la Syrie, vaincus et poursuivis encore par Bonaparte, Murat, Lassalle et Caffarelly, lorsqu'un aide-de-camp de Kléber arriva au grand galop sur le champ de bataille, pour apprendre au général en chef le désastre d'Aboukir : ce fut là, pour Bonaparte, la première infidélité de la Fortune.

Mes enfants, soyez fiers d'une défaite qui fut belle comme une victoire ! Attaqué à l'improviste par le célèbre Anglais Nelson, et blessé deux fois sur le vaisseau *l'Orient*, le brave et malheureux Brueys mourut en disant à son ami Gantheaume :

— Un amiral français doit mourir sur son banc de quart !

Le commandant Thévenard expira, comme son amiral, sur le pont du navire qu'il commandait ; Duchayla, qui n'avait plus que deux pièces de canon, disait à ses marins mitraillés par l'escadre anglaise :

— Tirez, tirez toujours.... notre dernier coup peut tuer un ennemi !

Dupetit-Thouars, capitaine du *Tonnant*, eut les deux cuisses emportées par un boulet ; un second boulet lui emporta le bras droit ; il demanda une pipe, et un troisième boulet l'empêcha de fumer en lui emportant le bras gauche : il ne lui restait d'entier que la tête et le cœur !

— Équipage du *Tonnant*, s'écriait-il, je vais mourir.... Vengez-moi... ne vous rendez jamais !

Un enfant.... écoutez bien ! un enfant, le fils du capitaine Casa-Bianca, se battit pendant quinze heures, avec un sang-froid et un courage qui *n'avaient pas attendu le nombre des années*. Lorsque l'incendie éclata à bord de nos vaisseaux, les marins voulurent entraîner ce héros de dix ans... mais il refusa de les suivre : il se jeta sur le corps meurtri de son père, qu'un boulet venait de blesser à mort ; il l'embrassa longtemps, en l'appelant, en l'inondant de ses larmes, en lui souriant peut-être.... et l'explosion des poudres emporta le père et le fils dans les bras l'un de l'autre !

Amiraux , capitaines , matelots et mousses , tout le monde se montra digne de la France et de Bonaparte...

Mes enfants, que pensez-vous de la défaite d'Aboukir ?

De retour dans la ville sainte, Napoléon répondit au triste message du général Kléber :

« Nous n'avons plus de flotte ; eh bien ! il faut rester dans « ces contrées ou en sortir grands comme les anciens ! Ceci

« nous obligera à de plus grandes choses que nous n'en
« voulions faire : il faut nous tenir prêts. »

Le général Kléber répliqua bien vite à Bonaparte :

« Oui, vous avez raison : il faut faire de grandes choses,
« et je me prépare déjà. »

O mes enfants !... quels hommes, quels hommes que vos
pères !

Emprisonné dans sa conquête par le désastre d'Aboukir,
Napoléon ne désespéra ni de son étoile, qui brillait encore,
ni de son génie, qui l'inspirait toujours. La Fortune lui avait
brûlé ses vaisseaux, comme pour mieux l'obliger à faire,
sur les bords du Nil, l'apprentissage de la royauté. Il n'était
que le général en chef d'une armée française : il deviendra
le véritable sultan de l'Égypte; il n'avait que des soldats à
conduire : il aura des sujets à gouverner; en attendant qu'il
puisse égaler en Europe César, Charles-Quint et Charlemagne, il veut égaler, dans l'Orient, Alexandre, Mahomet
et Sésostris : *Ali Bonaparte* régnera par la guerre, par le
commerce, par l'administration, par les arts, par la politique et par la science.

Mes enfants, la pluie est à peu près inconnue dans cette
terre d'Égypte, que le Nil arrose et féconde par le miracle

de son débordement périodique. Napoléon n'oublia pas de célébrer, avec une pompe solennelle, la cérémonie de la rupture des digues. A un signal donné, les digues furent rompues, aux cris de : Vive Bonaparte! vive Mahomet!... et le fleuve divin se précipita dans la vallée, à travers les champs qu'il fertilisait de ses eaux bienfaisantes. « Le ciel toujours le protége! » Depuis cinquante ans, l'inondation n'avait jamais été aussi complète, aussi prodigue, et le peuple du Kaire se persuada qu'il devait au secret pouvoir de Bonaparte l'espérance d'une fertilité merveilleuse.

Après avoir célébré, comme il convenait à sa politique, la fête du Nil, et, un peu plus tard, l'anniversaire de la naissance du prophète, Napoléon célébra dignement la fête de la France, le souvenir de la fondation de la république française.

Le nouveau calife du Kaire, qui était né à Ajaccio, créa, sur le modèle de l'Institut français, un *Institut égyptien*, qui allait s'occuper de la propagation des lumières dans l'Orient, de l'étude des faits naturels, industriels et historiques de l'Égypte. Nous devons à cette admirable pensée un magnifique ouvrage, qui est un des plus beaux monuments littéraires de l'Empire.

La ville du Kaire, métamorphosée par le génie de Bonaparte, offrait le spectacle d'une oasis lumineuse au milieu
des ténèbres de l'esclavage et de la barbarie. Les esclaves
des mameluks eurent peur de cette éclatante lumière,
qui était le flambeau de la civilisation et de la liberté.
Le 22 octobre, les musulmans profitèrent de l'absence du
général en chef pour reprendre les armes; l'on égorgea
les Français isolés dans la ville; l'on attaqua une maison
habitée par les savants et les artistes de l'expédition : les
beaux-arts et la science se barricadèrent et se défendirent
vaillamment; Salkowski, aide-de-camp de Bonaparte, et
le général Dupuy, commandant de la place, furent mas-
sacrés; encore un instant peut-être, et c'en était fait des
conquérants de l'Égypte!

Repoussé à la porte du Kaire, Bonaparte rentra dans la
ville par la porte de Boulak, et les conquérants furent
sauvés; il répondit aux musulmans révoltés qui demandaient grâce, après avoir refusé le pardon de leur maître :

« L'heure de la clémence est passée; vous avez com—
« mencé : c'est à moi de finir! »

Les bombes, les obus, les boulets, incendièrent une partie
de la ville; la grande mosquée fut foudroyée par les batteries

On égorge les Français isolés dans la ville.

françaises, et lorsqu'il eut étouffé dans le sang cette dangereuse et vaste révolte, Napoléon dit aux rebelles, avec la parole du prophète :

« La sédition est endormie ; maudit soit celui qui la ré-« veillera ! »

Et la sédition contre Bonaparte sommeilla pour toujours dans la ville du Kaire : le général en chef se défendit à l'avance contre le réveil ou contre les rêves de l'insurrection endormie, en l'enchaînant à une ceinture de forts, de bastions et de redoutes.

Tandis que le général Desaix, après avoir battu deux fois les mameluks de Mourad-Bey, dans la haute Égypte, visitait avec Denon le zodiaque de Dendérah et les ruines *de la ville aux cent portes*, chantée par Homère, le général Bonaparte, en sa qualité de membre de l'Institut, s'en allait chercher à Suez les traces de ce canal fabuleux qui a gardé le nom de Sésostris : la grandeur gigantesque des anciens rois de l'Égypte empêchait encore Bonaparte de se trouver grand !

Comme il songeait à résoudre le problème de la jonction de la mer Rouge avec la Méditerranée, on vint lui apprendre l'attaque victorieuse du pacha Achmet, sur les

frontières de l'Égypte : l'expédition de Syrie fut décidée.

L'histoire de cette expédition est tout entière dans ces
mots, qui renferment de glorieux et tristes souvenirs : *le
Désert, — Jaffa, — le Mont-Thabor, — Saint-Jean-d'Acre.*

Cette fois, mes enfants, le désert est plus difficile à traverser, plus horrible encore que celui de Damanhour, qui
sépare le Kaire d'Alexandrie. Après avoir bien souffert dans
le premier, nos soldats avaient oublié leurs souffrances en
voyant le Nil ; après avoir bien souffert dans le second, nos
soldats oublièrent leurs nouvelles souffrances en admirant
les vertes campagnes de la Syrie, et ils s'emparèrent, au
bruit de la *Marseillaise*, de l'antique cité de Gaza.

Jaffa, c'est l'ancienne Joppé, si grande dans l'histoire des
enfants d'Israël : elle fut emportée d'assaut. Pendant le
siége de cette place, la Syrie reçut de l'Égypte un moyen
affreux de venger ses premières défaites : elle se mit à nous
combattre... par la peste.

Ce fut alors, mes enfants, que Napoléon prépara, à son
corps défendant, un magnifique et déplorable sujet de peinture pour un des artistes les plus habiles de l'Empire : il
pénétra dans toutes les salles de l'hôpital, il rassura les ma-

lades, il toucha leurs plaies, il leur dit en souriant : « Vous le voyez, cela n'est rien ! » Cette noble et sainte visite a inspiré au peintre Gros le chef-d'œuvre des *Pestiférés de Jaffa.*

La bataille du Mont-Thabor fut une grande victoire, et une victoire inespérée : Kléber essayait de se défendre, avec quatre mille hommes, contre l'armée des pachas réunis ; Bonaparte quitta le siége de Saint-Jean-d'Acre pour secourir son brave lieutenant, et l'armée de Damas fut détruite.

Il fallut recommencer le siége de Saint-Jean-d'Acre..... Mais, hélas ! ce fut en vain, mes enfants ; cette place, que Napoléon appelait une *bicoque,* fut sauvée par deux hommes qui valaient mieux que les canons musulmans : l'un se nommait Phélippeaux... il était Français... il avait été Français... et le malheureux tourna contre la France le talent qu'elle lui avait donné ; l'autre était un Anglais, Dieu merci !... le commodore Sidney Smith, qui venait de s'échapper de sa prison du Temple, à Paris.

Si Bonaparte avait enlevé Saint-Jean-d'Acre, il opérait une révolution dans l'Orient ; il aurait atteint Constantinople et les Indes ; il eût changé la face du monde ! — L'empereur Napoléon pensait ainsi, mes enfants, et il le disait vingt ans plus tard, à Sainte-Hélène. Pauvre Empereur !

Le repos triomphal de l'armée française dans la ville du Kaire ne fut pas de longue durée ; nos soldats avaient vaincu, en Égypte, les Égyptiens, les Arabes, les mameluks : il leur restait à vaincre les Turcs. La Fortune, qui voulait se faire pardonner l'infidélité désastreuse d'Aboukir, proposa au général Bonaparte la revanche de cette héroïque défaite. Le 25 juillet 1799, l'armée turque fut entièrement détruite : le pacha de Romélie se laissa prendre par le général Murat ; dix mille hommes se noyèrent dans la mer, et cette nouvelle bataille d'Aboukir vengea le désastre de la flotte française.

— Venez ! s'écria Kléber en rejoignant Bonaparte, quelques heures après cette merveilleuse victoire ; venez, mon général... que je vous embrasse..... Vous êtes grand comme le monde !

Des journaux d'Europe, adressés à Bonaparte par l'amiral Sidney Smith, à propos d'un échange de prisonniers, apprirent au général de l'armée française tout ce qui se passait en France. L'envoi de ces tristes nouvelles n'était, pour l'officieux amiral anglais, qu'un moyen de décourager, d'effrayer

Bonaparte : Napoléon ne vit, dans une pareille annonce, qu'un avertissement secret de la Fortune qui lui disait d'aller sauver la patrie.

La guerre avec toute l'Europe, nos finances dilapidées, l'Italie reprise par les Autrichiens, l'armée du Rhin qui battait en retraite, la République déchirée par l'esprit factieux, la France presque envahie par l'étranger, le Directoire dominé par une corruption dont les directeurs donnaient eux-mêmes l'exemple : voilà, mes enfants, le spectacle qui vint désoler Bonaparte et qui le força de quitter l'Égypte.

Le commandement en chef de l'armée fut confié aux mains habiles du général Kléber, qui devait mourir si misérablement sous le poignard d'un fanatique.

Le 22 août 1799, Bonaparte s'embarqua à Alexandrie sur le *Muiron*, commandé par le contre-amiral Gantheaume : ce vaisseau portait César et sa fortune... mieux que cela, mes enfants : il portait la fortune de la France! Le départ de Bonaparte fut observé par une corvette anglaise, et à coup sûr, l'amiral Nelson n'était pas loin... Mais le conquérant-fataliste aperçut encore son étoile qui étincelait toute seule entre deux nuages, entre l'Égypte et l'Europe ; il répondit bravement à ses compagnons effrayés :

— La Fortune ne nous a jamais abandonnés ; nous arriverons en dépit des Anglais !

Et il arriva, mes enfants.

La nation tout entière appelait Bonaparte de ses vœux et de ses espérances ; le peuple redemandait à l'Égypte le jeune vainqueur de l'Italie. Enfin, un beau jour, un cri populaire, un immense cri d'allégresse retentit dans toute la France républicaine : Bonaparte était à Fréjus !

XIV

u'est-ce donc que l'histoire de ce 18 *bru-*
maire, que bien des gens ont blâmé, que
beaucoup d'historiens ont flétri? Qu'est-
ce donc que ce singulier attentat contre
la liberté, quand il n'y a plus en France

10

que le désordre et l'anarchie? Qu'appelle-t-on, mes enfants, une usurpation militaire, lorsque l'usurpateur n'a usurpé que le salut de la France? On nous dit encore, chaque jour, que le dictateur du 18 brumaire a brisé la statue de la Liberté; non, mes enfants: il l'a seulement voilée du drapeau d'Arcole, pour l'empêcher de voir plus longtemps les petits hommes et les petites choses qui présidaient aux destinées de la République.

En succédant au régime de la terreur, le Directoire n'avait point su respecter le dépôt glorieux de la Convention nationale : la gloire et la grandeur du pays ! La France s'était rapetissée, entre les mains des directeurs, au dedans et au dehors : la politique et la guerre cheminaient au hasard, sur le bord d'un abîme, à la grâce des étrangers, des traîtres, des corrupteurs et des factieux ; il fallait, pour sauver la France, un homme nouveau et une révolution nouvelle : Bonaparte se mit à préparer le *scenario* du 18 brumaire, en collaboration avec Sieyès.

Les royalistes disaient au conquérant de l'Égypte : Rends-nous la royauté !

Les républicains du manége lui disaient : Rends-nous le règne des jacobins !

Les directeurs lui disaient peut-être : Rends-nous la réaction de fructidor !

Le peuple lui disait aussi : Rends-nous le repos, l'indépendance et la gloire !

Bonaparte n'écouta que la voix du peuple.

Le 18 brumaire est tout entier dans les articles suivants d'un décret du conseil des anciens, qui organisait lui-même la victoire politique de Bonaparte :

« Le Corps Législatif est transféré dans la commune de « Saint-Cloud; les deux conseils y siégeront dans les deux « ailes du palais : ils y seront rendus demain, 19 brumaire, « à midi.

« Le général Bonaparte est chargé de l'exécution du pré— « sent décret; il prendra toutes les mesures nécessaires pour « la sûreté de la représentation nationale. Le commandant « de la 17e division militaire, la garde du Corps Législatif, les « gardes nationales, les troupes de ligne, qui se trouvent « dans la commune de Paris, dans l'arrondissement consti- « tutionnel et dans toute l'étendue de la 17e division, sont « mis immédiatement sous ses ordres, et tenus de le recon- « naître en cette qualité. »

Le conseil des anciens venait ainsi de décréter une révo-

lution ; il ne s'agissait plus que de l'exécuter avec des armes.
Dès ce moment, le règne des directeurs était fini : Sieyès et
Roger-Ducos avaient accepté un rôle dans le drame du lendemain ; Gohier et Moulins se laissèrent emprisonner dans
le Luxembourg ; plus faible ou plus adroit, Barras envoya sa
démission, et Bonaparte condamna le Directoire en lui disant, au tribunal du peuple et de l'armée :

« Qu'avez-vous fait de cette France que je vous ai laissée si
« florissante ? Je vous ai laissé la paix, j'ai retrouvé la guerre ;
« je vous ai laissé des victoires, j'ai retrouvé des revers ; je
« vous ai laissé les millions de l'Italie, j'ai retrouvé partout
« des lois spoliatrices et la misère. Qu'avez-vous fait de cent
« mille Français que je connaissais, tous mes compagnons de
« gloire ?... ils sont morts ! Nous ne voulons pas de gens
« plus patriotes que les braves qui ont été mutilés au service
« de la patrie. »

Le lendemain, Fouché, Sieyès, Talleyrand et Moreau vinrent prendre les derniers ordres, les dernières instructions
du général Bonaparte. A dix heures, des cavaliers armés,
qui se nommaient Sébastiani, Lannes, Berthier, Murat et Lefebvre, se promenaient dans la rue de la Victoire, en répé-
tant à haute voix : *Il faut jeter les avocats à la rivière !...*

Bientôt, une porte cochère s'ouvrit avec violence : Napoléon, revêtu de son costume de général, et monté sur un magnifique cheval arabe, salua de la main les promeneurs, les cavaliers, qui étaient ses amis et ses complices ; il se plaça bravement à leur tête ; il regarda tour à tour deux pistolets qu'il portait à sa ceinture, et un sabre turc qu'il avait suspendu à sa taille par un petit cordon de soie rouge ; enfin, Bonaparte donna le signal du départ, et cette petite armée de généraux se mit en marche, pour aller faire la difficile campagne de Saint-Cloud.

La séance des deux conseils eut lieu dans la galerie et dans l'orangerie du château ; quelques anciens commencèrent à crier : « A bas les dictateurs !… vive la Constitution ! » Bonaparte, qui venait d'entrer dans la salle, leur répondit d'une voix menaçante :

— Vous n'avez plus de Constitution… elle a été violée ! la patrie est en danger… il faut la sauver ! Songez que je marche accompagné du dieu de la fortune et du dieu de la guerre !

En voyant entrer Bonaparte dans la salle de l'orangerie, les Cinq-Cents crièrent à leur tour : A bas le tyran ! mort au nouveau Cromwell ! Napoléon, qui n'avait rien de commun avec l'usurpateur anglais, essaya de répondre à ses ennemis, qui étaient les ennemis de la France... mais on se presse autour de lui, on l'interpelle, on l'insulte, on le menace, on va le saisir, le frapper peut-être... Les grenadiers du général Lefebvre se précipitèrent dans la salle, et enlevèrent Bonaparte.

Lucien, qui présidait les Cinq-Cents, ne tarda point à suivre son frère, dont il s'était efforcé de défendre le patriotisme et la gloire contre les vociférations injurieuses des anarchistes du conseil. Bonaparte n'avait plus de temps à perdre, et il ne perdit pas une minute : ses ordres furent exécutés au pas de charge, à la baïonnette ; les soldats de Leclerc et de Murat traversèrent la salle de l'orangerie, et le bruit du tambour étouffa les dernières plaintes, les dernières menaces, le dernier soupir de l'opposition révolutionnaire.

Le lendemain, le pouvoir exécutif fut confié à Sieyès, Roger-Ducos et Bonaparte, les trois membres de la commission consulaire nommée par les deux conseils ; les consuls provisoires se réunirent aussitôt dans le palais du Luxembourg, pour décider de la présidence :

— Qui de nous présidera ? demanda Sieyès.

— Vous voyez bien, répondit Roger-Ducos, que c'est le général qui préside.

Bonaparte au Conseil des Cinq-Cents.

— C'est vrai... répliqua Bonaparte, j'ai déjà pris la présidence.

A l'issue de cette première réunion , Sieyès, honteux et confus, disait dans les salons du Luxembourg :

— A présent, vous avez un maître ; il sait tout, il fait tout et il peut tout.

Sieyès était un bon prophète.

A la voix de Bonaparte, président de la commission consulaire, une création complète s'élança tout à coup du néant politique : la justice, le rétablissement des cultes, l'ordre dans les finances, l'unité dans la loi, le crédit public, la pacification de la Vendée, l'échange des prisonniers avec l'Angleterre, la clôture de la liste des émigrés, l'épuration du ministère de la Police, malgré l'impureté du ministre Fouché, le rappel des proscrits de Sinnamary, la fondation des écoles pratiques du génie, de l'artillerie, des mines et des ponts-et-chaussées, enfin du travail pour les ouvriers, du pain pour les pauvres, de l'honneur pour nos soldats, la liberté pour les otages détenus au Temple, l'espérance pour tout le monde : voilà, mes enfants, ce que produisit, en quelques jours, la salutaire violence du 18 brumaire.

Après avoir pris la présidence de la commission provisoire, Bonaparte résolut de prendre la place de premier Consul pour dix ans ; Sieyès, qui songeait encore à faire quelque chose avec un grand homme qui faisait tout, s'avisa de dédaigner une magistrature secondaire, qui ne devait lui donner, dans le conseil du gouvernement, que la simple autorité d'une voix consultative : il offrit sa démission, qui fut acceptée.

Ce hardi métaphysicien de la politique révolutionnaire avait eu la gloire de commencer une révolution avec Mirabeau, et de la terminer avec Bonaparte : avec lui s'en allait pour longtemps la souveraineté de l'esprit spéculatif, des idées et des théories.

Sieyès se réfugia dans la présidence inutile du Sénat conservateur. Roger-Ducos, qui était son ombre, devait suivre tout naturellement le corps qui l'avait projeté. Bonaparte resta seul sur la scène politique, avec deux confidents qui lui servirent à bien jouer son rôle : Cambacérès et Lebrun se chargèrent de donner la réplique à ce héros d'une nouvelle tragédie.

Mes enfants, le 18 brumaire sauva, sinon la République, du moins la Révolution. Oui, sans doute, c'était là une violation éclatante de la constitution de l'an III ; mais cette

constitution avait déjà été violée trois fois, et assez auda-
cieusement, ce me semble : au 18 *fructidor*, par un attentat
à l'indépendance du Corps Législatif; au 30 *prairial*, par
un attentat à l'indépendance du gouvernement; au 22 *flo-
réal*, par un attentat à la souveraineté du peuple. Le 18 brumaire ne fit de tort qu'aux fournisseurs, aux hommes d'affaires, aux généraux indisciplinables, aux factieux, aux
censeurs de la pensée publique, à la corruption du Directoire, et aux ennemis.

Le peuple fut l'heureux complice de Bonaparte ; et,
comme l'a si bien écrit M. de Cormenin, la France, effrayée
du dehors, inquiète du dedans, courut au-devant d'un homme, les mains pleines de pouvoir, et lui cria : Sauvez-moi !

« Le 18 brumaire ! a dit un rêveur admirable, qui pense
parfois comme il rêve; le 18 brumaire !... c'est beau, c'est
merveilleux, c'est éblouissant; cela brille comme une épée
nue au soleil ; cela tourbillonne comme la poussière d'un
escadron qui passe, en remplissant l'oreille de bruit et les
yeux d'éclat !... Voilà un homme sorti des camps, venant
de loin, précédé de son nom, appuyé sur sa renommée, ha-
bitué à la discipline, fatigué de la lenteur, de la résistance
et du bruit importun d'un gouvernement de discussion ; qui

s'impatiente de l'œuvre lente et collective de la liberté à fonder ; qui profite d'un moment de découragement de l'esprit public ; qui monte à cheval à la tête de quelques grenadiers ; qui brise toute cette machine républicaine avec son sabre, et qui dit : — A moi l'empire ; vous ne savez que parler... je vais agir !

« Il réussit : la Révolution lui tombe dans la main, il la transforme à son gré, il en fait ce qu'il veut : il en fait une armée, il la lance sur le monde, il l'enivre de victoires, et il s'en fait couronner ; oui, cela est bien beau ! »

XV

BONAPARTE, PREMIER CONSUL

es enfants, le consulat de Bonaparte est
une des plus belles pages de notre his—
toire nationale. L'ordre, le repos, l'espé—
rance, ferment le dix-huitième siècle, qui
a vu tant de troubles, tant de terribles

efforts et de sublimes désespoirs ; la religion, la politique et le génie ouvrent le dix-neuvième siècle, qui va donner à la France tant de gloire et tant de grandeur !

Le premier Consul héritait à la fois de la Révolution et de la monarchie : il octroya une Charte républicaine, mais il gouvernait seul, et il ne faisait figurer que le nom de Bonaparte sur les actes officiels du gouvernement ; il représentait encore la République une et indivisible, mais le représentant de la souveraineté populaire s'installait royalement dans la salle du trône de Louis XVI. En voyant les Tuileries s'illuminer tout à coup, au soleil levant d'une royauté militaire, le peuple oublia d'effacer une inscription qu'il avait gravée lui-même sur les murs du palais, avec la pointe de sa grande épée révolutionnaire :

« *Le* 10 *août* 1792, *la royauté fut abolie ; elle ne se relè-* « *vera jamais !* »

Elle se releva, mes enfants, pour couronner Napoléon Bonaparte.

En assistant au spectacle de cette soudaine et immense fortune, les républicains disaient : Voilà Cromwell qui va protéger la France, en la confisquant à son profit.

Les royalistes murmuraient, en cachant encore le drapeau blanc : Voilà le général Monck ! Il prépare les voies du trône aux Stuarts de la Révolution française.

Les modérés balbutiaient, en s'enveloppant de leur vertu un peu légère : Voilà César ! attendons.

La nation tout entière, la véritable nation, s'écriait, en saluant le nouveau maître qui personnifiait la France : Voilà le Peuple !

Napoléon se souvint, en 1815, de ce cri national; il répondait à ses ennemis : Je suis le Peuple-Empereur !

Grâce au génie de Bonaparte, la politique intérieure et l'administration commencent à marcher d'un pas ferme, et déjà bien loin de l'abîme creusé par le Directoire ; Paris et la France reçoivent, avec orgueil, de magnifiques présents qui ne sont rien moins que la justice, la religion, le commerce et l'industrie.

Tronchet, qui avait défendu Louis XVI, et Merlin, qui l'avait condamné, sont appelés à concourir au travail immortel du Code civil.

Le portefeuille de la Justice est confié à M. d'Abrial, parce qu'il est le plus honnête homme de la magistrature.

Des princesses de la maison de Bourbon reviennent à Paris.

L'ancien archevêque, M. de Juigné, reparaît dans son diocèse.

Le pape Pie VI est mort à Valence pendant le Directoire : le premier Consul honore les cendres de ce pontife par des cérémonies publiques, par des obsèques solennelles.

De pauvres prêtres sont détenus ou proscrits : ils obtiennent le droit précieux, la sainte liberté d'aller prier dans leurs familles.

Le souvenir et l'image de saint Vincent de Paul président aux charitables mystères de l'*hospice de la Maternité*.

Une division nouvelle organise les provinces de la République.

Le régime des prisons est amélioré.

Les colons de Saint-Domingue sont secourus.

La Banque de France est établie.

L'État soulage en même temps des infortunes bien diverses : il donne du pain à la dernière des Duguesclin, à la veuve de Bailly et à la sœur de Robespierre.

Deux nouveaux ponts traversent et embellissent la Seine : l'un, qui est baptisé par le voisinage de la *Cité* ; l'autre, qui sera baptisé par la victoire *d'Austerlitz*.

Enfin, la patrie est rendue à l'émigration, qui peut renoncer aux injures de l'hospitalité étrangère.

Devant un pareil spectacle, qui représente la France régénérée par Bonaparte, applaudissez encore, mes enfants, le soldat heureux du 18 brumaire !

Bonaparte songeait à la fois à la paix et à la guerre : il essayait de faire légitimer la Révolution par le gouvernement anglais; mais il s'efforçait, en même temps, de négocier une utile alliance avec le congrès américain.

La présence des plénipotentiaires des États de l'Union, à Paris, inspira une grande et généreuse pensée au fondateur de la régénération française : Bonaparte voulut consacrer, par un deuil public et par des cérémonies imposantes, la mort de l'illustre Washington, le fondateur de la liberté américaine. Le temple de Mars, qui était l'église Saint-Sulpice, vit célébrer dans la même journée, à la même heure, une fête funèbre qui s'adressait au vainqueur des Anglais et une fête militaire qui s'adressait au conquérant de l'Égypte : l'on eût dit, mes enfants, que le premier Consul venait déposer sur la tombe de Washington, aux yeux de la France, et surtout aux yeux de l'Angleterre, les drapeaux qu'il avait conquis sur le champ de bataille d'Aboukir.

Quand il eut fait sortir des ruines de la république une nation tout organisée, le premier Consul regarda l'Italie, que les Autrichiens nous avaient reprise, et il s'occupa d'organiser une nouvelle armée, toute prête à reconquérir ce que nous avions perdu.

Aussi bien, la paix était devenue impossible : l'Autriche demandait encore à être vaincue par une armée française ; l'Autriche n'avait rien appris aux sanglantes leçons de ses fautes et de ses défaites. Une seconde campagne contre la coalition, une seconde conquête de l'Italie fut décidée par le premier Consul. Dans la secrète pensée, dans le génie de Bonaparte, il ne s'agissait, pour arriver à Marengo, que de franchir les Alpes à la manière d'Annibal ; il prit donc le chemin le plus court, le plus difficile et le plus glorieux : il escalada le grand Saint-Bernard.

Mes enfants, sur le sommet de cette montagne de glace, à douze cents toises au-dessus du niveau de la mer, un homme, un saint homme, un véritable chrétien, Bernard de Menthon, archidiacre d'Aoste, fit construire, il y a dix siècles, avec les débris d'un temple de Jupiter, un hospice qui a conservé, dans son dévouement, dans ses prières et dans son nom, le souvenir de ce bienfaiteur de l'huma-

Passage du mont Saint-Bernard.

nité ; la règle du couvent oblige les moines du mont Saint-Bernard à loger, à nourrir, à guider, à sauver enfin les voyageurs qui se hasardent au milieu des rochers, des neiges et des précipices de la montagne.

Durant tout l'hiver, mes enfants, les frères hospitaliers du Saint-Bernard, suivis de leurs chiens si intelligents et si fidèles, parcourent les passages les plus difficiles, déblaient les chemins que l'avalanche a cachés et prêtent une oreille attentive au moindre cri, au moindre gémissement, à la plainte la plus légère d'un voyageur qui vient de tomber, d'un malheureux qui va disparaître dans l'abîme. Voilà dix siècles, mes enfants, que les disciples, les héritiers de l'archidiacre d'Aoste, réalisent, avec l'aide de la foi religieuse, le miracle d'une sublime charité ; et lorsqu'ils ont sauvé un homme, ils s'en vont s'agenouiller devant Dieu un peu plus longtemps que de coutume, parce qu'ils n'ont pas perdu leur journée.

Jugez de la surprise, de la stupeur et peut-être de la naïve admiration de ces pauvres moines : ils reçurent un matin, de la part d'un général, d'un consul, d'un grand homme dont ils ignoraient la grandeur, une somme de 24,000 francs, pour l'achat des vivres destinés à je ne sais

combien de milliers de soldats qui s'apprêtaient, leur disait-
on, à bivouaquer sur le sommet des Alpes. Les pauvres
d'esprit du Saint-Bernard ne croyaient guère à l'annonce
d'un pareil prodige, qui leur semblait tout à fait impossible :
ils comptaient sans le génie de la France ! Et pourtant, mes
enfants, le 17, le 18, le 19, le 20 mars 1800, les bons
religieux, qui n'avaient aperçu jusque-là, autour de leur
couvent, que des voyageurs égarés ou des chasseurs de
chamois, virent passer par-dessus les Alpes une armée tout
entière qui chantait *la Marseillaise* quand elle ne criait pas
Vive Bonaparte !

C'était là, mes enfants, un spectacle terrible et admirable :
des hommes, des chevaux, des canons, sur une des plus
hautes montagnes de l'Europe ; des chemins où l'on ne
marche pas, où l'on glisse ; des rochers à pic ; des montagnes de neige qui s'éboulent ; des abîmes partout ! Les
soldats, attelés à un câble, traînent les pièces d'artillerie,
en portant par-dessus le marché leurs armes, leurs munitions et leurs vivres. Les officiers ne commandent plus :
ils se dévouent comme tout le monde, et ils travaillent en
aidant les travailleurs. A chaque nouveau danger, le pas de
charge se fait entendre. on entonne *la Marseillaise*, et l'on

avance encore ; si des imprudents quittent la ligne droite, chancellent sur un sentier fantastique et disparaissent pour jamais, on crie *Vive Bonaparte !* et l'on grimpe toujours. Le premier Consul, comme les autres, se traîne péniblement sur les pas d'un guide, s'assied bien des fois pour ne pas tomber dans un précipice, et quand il se relève au milieu de ces glaces éternelles, il parle à ses compagnons de la verdure, des fleurs et du soleil qui les attendent dans leur conquête du lendemain.

Ce fut ainsi, mes enfants, que l'armée française traversa les Alpes, pour aller conquérir l'Italie un peu plus vite et avec un peu plus de gloire qu'en 1796.

Le passage des Alpes dura quatre jours ; les généraux du premier Consul furent exacts au rendez-vous que Bonaparte leur avait donné : ils marchèrent vers le Saint-Gothard, le mont Cenis, le Simplon, le petit Saint-Bernard, et quand ils se retrouvèrent tous réunis sous le drapeau de la République, la gloire de Lodi et d'Arcole ne se fit pas attendre.

Le feld-maréchal Mélas, ce malheureux capitaine que vous n'avez connu que par ses humiliations et ses défaites, entendit au même instant le premier pas de Bonaparte en Italie et le premier cri de victoire de son audacieux adversaire. Le général autrichien s'était imaginé peut-être que l'armée française paradait encore au delà des Alpes; et voilà que l'armée française s'empare de Suze, du château de la Brunette, de la citadelle d'Ivrée, comme pour mieux se préparer à la bataille de Romano. Il avait semblé au maréchal Mélas que Bonaparte s'amusait encore à trôner dans son palais des Tuileries; et voilà que Bonaparte s'installe dans un palais de Milan. Enfin, la magnifique victoire de Montebello vint apprendre au général ennemi que c'en était fait des Autrichiens et de la maison d'Autriche. Enveloppé tout à coup par l'armée française, qu'il s'était promis de surprendre et de détruire, Mélas essaya de se frayer un passage les armes à la main, et le pauvre feld-maréchal ne réussit à passer que sous les fourches caudines de Marengo.

Suivant le *bulletin* officiel de cette mémorable journée, les Français, attaqués, furent mis en déroute quatre fois, et la bataille, qui avait commencé à onze heures du matin, paraissait tout à fait perdue à quatre heures du soir; mais, par bonheur, mes enfants, le génie, c'est Dieu!... Bonaparte, *qui avait l'habitude de coucher sur le champ de bataille*, ordonna de vaincre. Monnier, Desaix, Kellermann, Bessières, se mirent à préparer, à grands coups de prodiges héroïques, le glorieux logis de leur maître, et l'Italie fut reconquise, à Marengo !

Cette nouvelle conquête nous coûta cher, mes enfants : le général Desaix tomba sur le champ de bataille en murmurant : « Allez dire au premier Consul que je meurs avec le regret de n'avoir pas assez fait pour la patrie et pour la postérité ! »

Desaix n'était à l'armée que depuis trois jours seulement ; il avait quitté l'Égypte pour venir combattre, soldat ou général, sous les ordres du héros des Pyramides, du Mont-Thabor et d'Aboukir. Il disait à ses amis, en leur montrant les Autrichiens qu'il allait vaincre : « Je ne me bats plus en Europe depuis longtemps ; les boulets ne me connaissent plus... il m'arrivera quelque chose ! »

Près de mourir, le brave général ne soupçonnait guère que le même jour, à la même heure peut-être, l'illustre Kléber tombait en Égypte sous le poignard d'un assassin.

— Mon Dieu ! s'écria Bonaparte en apprenant la mort de Desaix, au plus fort de la bataille de Marengo ; mon Dieu ! pourquoi ne m'est-il pas permis de pleurer ?...

L'on se battait encore, mes enfants, et le premier Consul refoula ses larmes jusqu'au fond de son cœur, d'où elles

venaient ; mais enfin l'on cessa de se battre, et Bonaparte
pleura.

Le lendemain de la bataille de Marengo, les Autrichiens
pouvaient encore tenir la campagne. Mélas venait de perdre
vingt-deux mille hommes, mais il lui restait une armée
nombreuse et un matériel de guerre considérable. Rien ne
l'empêchait de communiquer avec l'Allemagne ; Gênes, la
mer et les montagnes lui promettaient la chance, non pas
de vaincre Bonaparte, mais de l'obliger à une paix honorable pour l'Autriche. Mélas manqua de ce courage difficile
qui devait lui servir à porter bravement le poids de sa défaite, et la convention d'Alexandrie fut signée.

Bonaparte ne quitta l'Italie qu'après avoir achevé l'organisation de ses conquêtes dans la république cisalpine et
dans le Piémont. Il voulait donner à la France des alliés,
des amis, des frères, en travaillant pour les nations qu'il
avait vaincues ou qu'il avait conquises.

Le premier Consul n'oubliait rien des choses présentes
qui pouvaient protéger son avenir : Murat reçut l'ordre
d'aller rétablir le pape sur le trône pontifical, et le vainqueur de Marengo se rendit à Milan pour assister à une
fête religieuse, pour s'agenouiller, dans une église, aux

pieds de celui qui donne les couronnes par la main du peuple !

Lorsque le bruit du canon eut annoncé dans Paris cette immortelle victoire, si complète et si imprévue ; quand on eût appris que les Autrichiens avaient perdu quarante mille hommes en un seul jour ; que l'Autriche avait réclamé du vainqueur une paix humiliante ; que Bonaparte avait reconquis, dans une bataille de douze heures, la Lombardie, le Piémont et la Ligurie ; que la victoire et la fortune s'étaient disputé, dans la journée de Marengo, le triomphe de la République française ; quand on vint nous dire que les rois de la coalition avaient été vaincus, écrasés par le génie de la France, en ce moment-là, mes enfants, une joie qui tenait de l'ivresse, un orgueil qui tenait de la folie, éclatèrent dans toute la ville, et la grande voix du peuple célébra, du matin au soir, un immense *Te Deum* qui répondait aux cris d'enthousiasme, aux cris de liberté de l'Italie tout entière. O mes enfants ! quel temps que celui-là ! quel homme, quels soldats et quel peuple !...

> A table un jour, jour de grande richesse,
> De mes amis les voix brillaient en chœur,
> Quand jusqu'à nous monte un cri d'allégresse :

A Marengo, Bonaparte est vainqueur !
Le canon gronde, un autre chant commence ;
Nous célébrons tant de faits éclatants ;
Les rois jamais n'envahiront la France...
Dans un grenier qu'on est bien à vingt ans !

XVI

es enfants, la paix que semblait promet-
tre à la France la bataille de Marengo ne
fut signée, à Lunéville, que le 9 février
suivant, le 9 février 1801. Pour se résoudre à subir un nouveau traité de

Campo-Formio, l'Autriche avait besoin d'être aussi malheureuse en Allemagne qu'en Italie. Le général Moreau,
que nous pouvons encore admirer parce qu'il n'est pas
encore un traître, se chargea de répondre aux triomphes
militaires de Bonaparte par la victoire de Hochstedt, qui
fut pour nos armes la revanche d'une ancienne défaite; par
la victoire de Neubourg, qui nous coûta le sang de **La Tour
d'Auvergne**, premier grenadier de France; par la victoire
de Hohenlinden, qui allait nous ouvrir les portes impériales
de Vienne. — Elles s'ouvriront plus tard.

Le traité de Lunéville, conclu avec l'Autriche, prépara
le traité d'Amiens, qui devait se conclure, l'année suivante,
entre la France et l'Angleterre; mais tous ces beaux ar-
rangements diplomatiques n'étaient que de véritables ar-
mistices, mes enfants : ils donnaient tout juste au premier
Consul le temps d'improviser de grandes choses dans son
pays.

Bonaparte avait vaincu les étrangers, les ennemis couronnés de la Révolution française : Napoléon eut à combattre, en France, les républicains, qui portaient le deuil de la
jeune république, et les royalistes, qui portaient le deuil de
la vieille royauté : le général Bonaparte pour les uns, et le

général Monck pour les autres, commençaient également à disparaître.

Quoiqu'il fût déjà tout couvert de lauriers, de trophées, de fleurs et de drapeaux, le chemin du trône était encore assez rude pour l'ambition secrète de Napoléon : la haine des partis contraires essaya d'arrêter Bonaparte aux trois quarts de la grande route impériale, à quelques pas de la glorieuse étape de Marengo.

Jouvenot et ses complices devaient aller tuer le premier Consul à la Malmaison. — Humbert et Chapelle avaient juré la mort de Bonaparte. — Aréna voulut le poignarder pendant une représentation des *Horaces*, à l'Opéra. — Un pauvre diable d'ouvrier, nommé Chevalier, fabriqua une bombe qu'il s'était promis de lancer dans la voiture du premier Consul. — Enfin, le 24 décembre 1800, la fameuse *machine infernale* éclata dans la rue Saint-Nicaise : les ennemis de Bonaparte venaient de tirer sur eux-mêmes, dans l'intérêt de Napoléon.

Ce soir-là, mes enfants, à sept heures environ, le premier Consul monta dans sa voiture avec les généraux Lannes et Berthier, pour aller assister, dans la salle de l'Opéra, à la représentation de *l'oratorio* de Haydn : *la Création du*

Monde. La voiture roulait à peine dans la rue Saint-Nicaise, lorsqu'un baril tout plein de poudre et de mitraille, placé sur une espèce de tombereau, éclata soudain avec un bruit épouvantable. L'explosion de la machine infernale tua ou blessa soixante-dix personnes. Bonaparte et ses deux amis furent sauvés par un miracle : les conspirateurs avaient compté sans l'imprudence du cocher qui conduisait le premier Consul ; un vigoureux coup de fouet donné par ce serviteur, qui était ivre, trompa les calculs des assassins de la rue Saint-Nicaise : les chevaux ne gagnèrent que deux secondes sur l'explosion de la machine. — L'on eût dit, mes enfants, que la Providence voulait aussi légitimer l'incroyable fortune d'un grand homme.

Après avoir fait justice des ennemis du premier Consul, Bonaparte continua sa marche bienheureuse vers le trône de Napoléon. N'ayant plus ni Autrichiens à battre, ni villes à prendre, ni coalition à détruire, il se souvint du passage du mont Saint-Bernard, et il décréta les magnifiques travaux de la route du Simplon, en même temps qu'il ordonnait, pour la fin de l'année républicaine, une exposition des produits de l'industrie nationale : le génie de la guerre donna des armes et des victoires à la paix. Dès ce moment, a dit un historien, la science utile, laborieuse, modeste, eut aussi ses conquêtes et ses trophées.

Bonaparte avait dit aux prêtres de Milan qui célébraient la bataille triomphale de Marengo : *La religion catholique est la seule qui donne à l'homme des lumières infaillibles.* — Près de fonder un empire avec une dynastie nouvelle, Napoléon se rapprocha du saint-siége, et un *concordat* fut conclu à Paris, entre le pape Pie VII et le premier Consul : les Tuileries saluèrent un ambassadeur de la cour de Rome; l'autel était un marche-pied vers le trône.

Bonaparte avait créé jusque-là des républiques, chez les peuples qu'il avait affranchis par la guerre : en 1801, Napoléon créa une monarchie, en donnant la Toscane à l'ancien duc de Parme, avec le titre de roi d'Étrurie ; la France républicaine commençait à changer de politique avec les rois et avec les peuples.

Le lendemain du 18 brumaire, Bonaparte avait offert la paix au gouvernement anglais, qui refusa de traiter avec la puissance d'un soldat heureux. — En 1802, aux yeux de l'Angleterre monarchique, Napoléon ressemblait peut-être à un monarque, et le traité d'Amiens fut signé. — La Révolution française était donc parvenue à conclure une paix ou une trêve avec l'Allemagne, la Russie, l'Espagne, l'Angleterre et la Turquie.

A peu près à cette époque, les glorieux soldats de l'armée d'Égypte, qui n'avaient plus devant eux ni Desaix, ni Kléber, ni Bonaparte, capitulèrent avec honneur et revirent la France. — En ce temps-là, mes enfants, l'enthousiasme était si général, l'admiration était si grande, la joie publique était si aveugle, que le peuple ne daigna prendre garde ni à la triste issue de l'expédition d'Égypte ni à la fin déplorable de l'expédition de Saint-Domingue; faisons comme ce peuple d'enthousiastes, mes enfants, et passons bien vite.

Bonaparte avait désarmé les puissances coalisées, en les obligeant à reconnaître la Révolution française. — Napoléon se rappela qu'il était membre de l'Institut : il demanda à ses collègues un tableau des progrès et de l'état des sciences, des lettres et des arts depuis 1789 jusqu'en 1801.

Bonaparte n'avait donné à ses soldats que du pain, des proclamations et des victoires. — Napoléon voulut donner aux plus braves de ses compagnons de gloire une marque distinctive de leur noblesse militaire : il institua *l'ordre de la Légion-d'Honneur*, qui devait être à la fois la récompense de tous les courages et de tous les talents d'élite ; il songeait en même temps à récompenser l'armée et le peuple.

En 1802, Bonaparte reçut une lettre du comte de Lille (Louis XVIII), qui lui redemandait le trône de ses pères.—Napoléon répondit au frère de Louis XVI en se faisant nommer *consul à vie*.

Peu de jours après cet avénement consulaire, l'île d'Elbe... l'île d'Elbe, mes enfants, fut réunie à la République française : l'île d'Elbe sera pour Napoléon l'apanage de sa première infortune.

La paix ne fut pas longue, mes enfants, et la rupture du traité d'Amiens remit une épée aux mains de Bonaparte. Une armée anglaise, commandée par le duc de Cambridge, se laissa prendre par les Français dans l'électorat de Hanovre, et Londres, épouvantée, braqua sa lunette sur le *camp de Boulogne*, où deux cent mille hommes se préparaient à jeter dans la Tamise les clefs de Westminster et la couronne de Windsor.

L'Angleterre avait, pour combattre la France, des soldats, des vaisseaux, des marins, des diplomates et des trésors ; mais elle avait aussi, à Londres et à Jersey, des conspirateurs, des traîtres, des assassins, qu'elle tenait en ré-

serve contre le Consul, contre le chef glorieux d'un gouvernement populaire. La conspiration de Georges Cadoudal
et de ses complices, qui devait emporter le pouvoir consulaire de Bonaparte, ne fit que hâter l'avénement impérial
de Napoléon. Il vous souvient, mes enfants, d'un répéti-
teur de l'école de Brienne nommé Pichegru?... Eh bien !
Pichegru, que la République avait fait général, Pichegru, le
vainqueur de Haguenau, de Courtray, de Mont-Cassel, de
Menin et de Boxtel, Pichegru devint le complice d'un
Georges Cadoudal!

Quant à la triste mort du duc d'Enghien, de ce malheureux Bourbon surpris par des soldats français sur un
territoire neutre, jugé, condamné et fusillé à Vincennes,—
« elle doit être attribuée aux personnes qui commandaient
« et dirigeaient, à Londres, l'assassinat du premier Consul ;
« elle doit être attribuée à ceux qui s'efforcèrent, par des
« rapports et des conjectures, de le présenter comme chef
« d'une conspiration ; elle doit être éternellement reprochée
« à ceux qui, entraînés par un zèle criminel, n'attendirent
« point les ordres de leur souverain, pour exécuter le juge-
« ment de la commission militaire. »

C'est Napoléon lui-même, mes enfants, qui juge ainsi,

Le duc d'Enghien jugé et condamné à Vincennes.

dans ses Mémoires de Sainte-Hélène, la fin déplorable du dernier des Condés.

La mort du duc d'Enghien est le dernier pas de Bonaparte dans la voie révolutionnaire : au bout des fossés de Vincennes, il n'y a plus que le trône de l'empereur Napoléon.

Des républicains sévères, mais consciencieux, ont rendu hommage au gouvernement organisateur du consulat de Bonaparte ; tous, ils ont admiré cette administration intègre, économe, nationale ; tous, ils ont regretté cette politique fière et puissante qui avait su faire de la France la première nation du monde.

Bonaparte avait hérité de toute la gloire de la République : Napoléon hérite, en 1804, de toute la puissance de la monarchie ; le 18 brumaire va être couronné par un peuple, salué par l'Europe et sacré par un pape.

Désormais la patrie est un seul homme, Paris est toute la France, et la France, c'est le monde.

L'Empereur sèmera les idées de la Révolution française sur toutes les terres de l'Europe que le Consul a labourées avec les armes de la République ; en Pologne, en Italie, en Allemagne, en Espagne, en Suisse, il introduira les vérités,

les lois et les principes de notre pays ; il détruira les petits
Etats féodaux et les abus de la féodalité ; il fera disparaître
le servage, les haines religieuses et l'Inquisition ; il vaincra
l'oligarchie des rois, il proclamera la nationalité des peuples, il saluera la liberté européenne.

Napoléon empereur ! désormais la patrie est un seul
homme, Paris est toute la France, et la France, c'est le
monde.

XVII

NAPOLÉON EMPEREUR

rès d'applaudir, mes enfants, aux nouveaux prodiges que Napoléon doit faire,
applaudissons encore aux merveilles que
Bonaparte a déjà faites.

Il a conquis deux fois l'Italie, en dépit

de l'Autriche; il a vaincu l'Egypte, en dépit des mameluks, de Nelson et de la peste; il a écrasé des coalitions formidables, en dépit des Anglais; il a terminé la Révolution française, en dépit de l'Europe.

Il a donné un maître à l'anarchie, une législation à la justice, des autels à la religion, une patrie à l'émigration et à la Vendée, des routes et des canaux au commerce, des finances au trésor de l'État, une banque nationale au crédit public, une organisation nouvelle à l'enseignement, un véritable demi-dieu à l'armée, la grandeur et l'unité à la République, une page admirable, éblouissante, presque fabuleuse à l'histoire de France : que vouliez-vous que fit la liberté républicaine contre tant de gloire, de force et de génie?... Elle mourut, mes enfants.

Cinq millions de voix françaises répondirent à la voix de Napoléon Bonaparte, en criant Vive l'Empereur! Si c'était là, mes enfants, la royauté d'un soldat heureux, l'empire du pavois militaire, n'oublions pas que toute la France voulut servir de garde prétorienne au nouveau César.

Mes enfants, les vertus sont faciles à tous les cœurs heureux. Napoléon, qui avait autant de bonheur que de gloire,

abattit aux pieds de son trône l'échafaud destiné aux ennemis du premier Consul. Lorsque madame de Polignac, conduite par l'impératrice Joséphine, vint lui demander en
tremblant, en sanglotant, la grâce de son mari, l'Empereur répondit à la suppliante : Je lui pardonne… il n'en voulait qu'à ma vie !

Après avoir donné des aigles aux armes et aux drapeaux
de l'Empire, Napoléon organisa le personnel dignitaire de
son palais impérial : l'ancien élève de Brienne, l'ancien
lieutenant d'artillerie, mon pauvre capitaine de Nice, entoura
son auguste personne d'un gouverneur, d'un grand-écuyer,
d'un grand-veneur, d'un grand-maréchal, d'un grand-au-
mônier, d'un grand-maître des cérémonies, d'un grand-
chambellan !… O mes enfants ! si son pauvre père le
voyait !

En attendant qu'il pût créer des rois en Europe, Napo-
léon créa des princes dans son armée ; il conféra la dignité
de maréchal à ses dix-huit généraux les plus célèbres :
Berthier, Murat, Moncey, Jourdan, Masséna, Augereau,
Bernadotte, Soult, Brune, Lannes, Mortier, Ney, Davoust,
Bessières, Kellermann, Lefebvre, Pérignon et Serrurier.

L'on a essayé quelquefois de séparer la fortune des maréchaux de l'Empire de la gloire et de la volonté de l'Empereur, qui les avait faits ; n'en croyez pas, mes enfants, cette façon égoïste de rapetisser la glorieuse histoire de Napoléon : celui qui sait imaginer une machine puissante, extraordinaire, est un grand homme ; tous ceux qu'il forme, qu'il ploie aux besoins de son invention, ne sont que des ressorts, des instruments, qui se confondent avec l'appareil gigantesque du génie : les maréchaux de l'Empire ne devaient être que les rouages passifs de l'immense machine impériale.

Le premier Consul avait décrété l'*Ordre de la Légion-d'Honneur :* Napoléon inaugura cette institution nationale dans le temple de Mars, dans l'hôtel des Invalides, dans ce palais militaire de Louis XIV, qui avait fondé l'ordre de Saint-Louis ; et comme s'il avait plu à l'Empereur de faire assister l'Angleterre à l'anoblissement de son armée victorieuse, il se rendit au camp de Boulogne pour répandre, du haut de son trône, sur la croisière anglaise et jusque sur le rivage de Douvres, les rayons de l'étoile impériale. Le 15 août 1804, le jour de sa fête, Napoléon prit dans le casque de Duguesclin et dans le bouclier de Bayard les décorations qu'il destinait aux plus braves de ses soldats : un immense cri de joie et d'orgueil, une clameur homérique, le bruit de l'artillerie, le roulement de deux mille tambours, saluèrent la croix d'honneur; et le soir, mes enfants, quatre-vingt mille hommes rangés en bataille sur les plateaux du camp de Boulogne, et la face tournée vers l'Angleterre, se mirent à exécuter des feux de file avec des cartouches étoilées.

Près de quitter le camp de Boulogne pour retourner à Paris, Napoléon reçut une députation militaire qui venait lui adresser une singulière demande, ou plutôt, qui venait lui faire un emprunt étrange et magnifique.

— Sire, lui dit le maréchal Soult, l'armée française a eu l'honneur de voter à Votre Majesté une statue colossale; mais, comme la matière nous manque, prêtez-nous du bronze, sire : nous vous le rendrons à la première bataille !

La plupart des rois de l'Europe s'étaient agenouillés de loin aux pieds du nouvel empereur; en se relevant dans la poussière des champs de bataille où ils avaient été vaincus, ils virent, à leur grande surprise, à leur grande terreur, un souverain pontife, un successeur de saint Pierre, le chef infaillible de la chrétienté, qui s'en allait à travers l'Italie, à travers la France, pour sacrer l'empereur de la veille dans l'église métropolitaine de Paris. En ce moment d'humiliation, de stupeur et de colère, une voix mystérieuse leur cria sans doute : Voilà les enseignements que Dieu donne aux rois !

Le couronnement de Napoléon et de Joséphine eut lieu le 2 décembre 1804, avec une pompe, un luxe et une grandeur vraiment inimaginables. L'Empereur ne fut point couronné… il se couronna lui-même ; il s'empara de la couronne et il la posa sur sa tête, en disant peut-être sans parler : Je ne la reçois pas… je la prends ! — Il en fut ainsi pour Joséphine : elle s'agenouilla devant le saint-père… et Napoléon couronna l'Impératrice.

Quel rêve, mes enfants, quel beau rêve pour cet homme, pour ces soldats et pour ce peuple qui étaient bien éveillés ! Les témoins orgueilleux de cette prodigieuse cérémonie crurent voir passer sur les marches de l'autel l'ombre de Charlemagne, et l'on se persuada que le monde tout entier s'agitait dans la nef de Notre-Dame, entre une tiare et une couronne, entre l'Église et l'Empire, entre le pape et l'Empereur.

Mais, vous le savez ou vous le saurez un jour, mes enfants, Charlemagne avait porté plus d'une couronne, et Napoléon voulait être couronné plus d'une fois. Il quitta la

Napoléon Empereur.

France pour aller montrer à l'Italie son diadème impérial ; il passa par le champ de bataille de Marengo, afin de rentrer dans Milan par un arc de triomphe, et le 26 mai 1805, la royauté des Lombards, veuve depuis dix siècles, donna un successeur à Charlemagne. A Milan, aussi bien qu'à Paris, Napoléon se couronna lui-même ; le nouveau roi d'Italie posa sur sa tête la couronne de fer, et il s'écria d'une voix menaçante, en s'adressant aux ennemis de la France : Dieu me la donne ; gare à qui la touche !

L'Angleterre, l'Autriche et la Russie essayèrent de la toucher par les armes d'une troisième coalition : la guerre, toujours la guerre avec les Anglais ! Et pourtant, mes enfants, l'Empereur avait adressé au roi Georges, dans l'intérêt de la paix du monde, une lettre admirable, qui est un monument glorieux pour le prince qui l'a écrite et pour la nation qu'il a gouvernée.

Repoussé par l'orgueil et par la haine du gouvernement anglais, menacé par la Russie, attaqué par l'Autriche, trahi secrètement par la Prusse, Napoléon ne songea plus qu'à se préparer à la guerre et qu'à organiser la victoire. La Grande Armée, qui était au camp de Boulogne, prit le titre d'*armée d'Allemagne*, et la descente en Angleterre fut ajournée; l'Empereur confia à la fidélité, à l'admiration, à l'amour de son peuple les destinées de son empire, et la nation tout entière lui répondit en recevant le dépôt de sa double couronne : Dieu te l'a donnée; gare à qui la touche!

Le hasard de l'histoire, mes enfants, a des caprices bien singuliers, des fantaisies bien perfides : presque au moment de se précipiter sur l'Europe pour combattre et détruire une coalition nouvelle, Napoléon avait chargé le général Reille d'aller s'emparer de l'ILE SAINTE-HÉLÈNE!

XVIII

A TRAVERS L'EUROPE

1805 — 1808

es enfants, sur quels théâtres de la politique européenne irons-nous assister,
dans les premiers jours de l'Empire, aux
victoires éclatantes de Napoléon, aux
défaites honteuses des ennemis de notre

belle France? — Sur les champs de bataille de l'Allemagne.

Quels sont ces ennemis?—En apparence, les Autrichiens et les Russes ; en réalité, l'Autriche, la Russie et l'Angleterre. — Quels généraux nous faudra-t-il combattre? — Le feld-maréchal Mack, l'archiduc Ferdinand, l'archiduc Jean, le prince Charles, Kutusow et deux empereurs ; mais nous aurons, pour défendre, pour soutenir, pour inspirer l'armée française, Soult, Ney, Bernadotte, Davoust, Lannes, Augereau, Murat, Oudinot, Marmont, Bessières, Masséna, Mortier, Junot, Rapp, Gouvion-Saint-Cyr, et l'épée de Napoléon! En route, mes enfants, et passons le Rhin avec l'Empereur!

Cette vaillante armée et cette admirable campagne vont préparer les matériaux de la colonne Vendôme. Le 30 septembre 1805, Napoléon harangue ses soldats, de cette héroïque façon que vous savez et qui enfante des héros et des prodiges; le 15 octobre, il attaque la place d'Ulm; et la capitulation de Mack, due aux savantes combinaisons de l'Empereur, porte l'épouvante dans toute l'Europe monarchique; le 14 novembre, Napoléon fait son entrée à Vienne; le 19, il chasse les Russes de Brünn; le 2 décembre, il livre la bataille d'Austerlitz!

Napoléon recevant l'empereur d'Autriche dans une
méchante cabane de son bivouac.

A Austerlitz, mes enfants, deux grands souverains se mettent à la discrétion du vainqueur, après avoir perdu douze généraux, quarante-cinq drapeaux et cent cinquante pièces de canon. Grâce à la bataille d'Austerlitz, Napoléon est reconnu roi d'Italie; la Toscane, Parme et Plaisance sont réunis à l'Empire; le grand-duché de Berg devient une province française, et *l'empereur d'Allemagne* est forcé d'oublier le titre que portait Charles-Quint, pour ne plus être qu'un *empereur d'Autriche!*

Le lendemain de la bataille d'Austerlitz, Napoléon disait à son adversaire couronné, en le recevant dans une méchante cabane de son bivouac :

— Depuis deux mois, je n'habite point d'autre palais.

— Sire, répondit François II avec tout l'à-propos d'un courtisan émérite, vous savez si bien tirer parti de cette habitation, qu'elle doit vous suffire et vous plaire.

Le maréchal Soult n'avait point oublié la promesse qu'il avait faite à l'Empereur : il lui rendit à Austerlitz le bronze qu'il lui avait emprunté au camp de Boulogne. — Dans ce temps-là, ces petits emprunts, ces petits cadeaux, entretenaient la gloire !

Est-ce tout, mes enfants? L'Angleterre est-elle fatiguée?

La troisième coalition est-elle détruite? L'Europe a-t-elle enfin reconnu son maître? — Pas encore ; nous avons écrasé la Russie et l'Autriche : il nous reste encore à écraser la Prusse. — Dans quelles batailles? dans quelles victoires? — Attendez.

La Prusse, qui avait promis de laisser passer, l'arme au bras, la victoire ou la défaite de la Grande Armée ; la Prusse, qui avait félicité le vainqueur des Autrichiens par un compliment officiel dont *la fortune venait de changer l'adresse ;* la Prusse, qui avait signé le traité de Presbourg, s'avisa tout à coup de s'emparer de la Saxe, pour complaire à l'Angleterre, à la Russie et à la Suède.

Allons! mes enfants, nous sommes entrés dans Vienne même avant la bataille d'Austerlitz : nous entrerons à Berlin après la bataille d'Iéna ; si l'empereur Alexandre vient au secours de la monarchie du grand Frédéric, nous le battrons à Pultusk, à Golymin, et nous pourrons entrer à Varsovie ; rien ne nous empêchera de battre encore les Russes dans l'immortelle journée de Friedland, et si notre Empereur daignait nous le permettre, nous prendrions la peine d'aller jusqu'à Saint-Pétersbourg.

Comme je vous le disais tout à l'heure, mes enfants, la

Prusse, qui avait juré secrètement une haine éternelle à la
France, sur la tombe de Frédéric II, essaya de ne plus entendre l'écho de la bataille d'Austerlitz, qui retentissait encore à travers l'Europe; elle se boucha les oreilles, et une
quatrième coalition prit les armes contre la Révolution française.

Il avait fallu à un grand homme du dix-huitième siècle
bien des années, bien des peines, bien des combats, bien
du génie, pour fonder une véritable monarchie prussienne :
il ne va falloir à un autre grand homme que trente jours
et une bataille, pour détruire la Prusse monarchique de
Frédéric II.

Cette fois, mes enfants, nous avons pour adversaires les
vieux compagnons d'armes du grand Frédéric : le duc de
Brunswick, le maréchal de Mellendorf, le maréchal Kal-
kreuth, le général Schmetten; et tout près d'eux, à l'école
de leur ancienne gloire, les princes Louis et Henri de
Prusse, le prince d'Orange, le prince de Hohenlohe et
Blücher; mieux que cela, mes enfants : nous avons pour
adversaire, et pour adversaire terrible, une femme... oui,
une femme, la belle Wilhelmine, la reine de Prusse en
personne !

A Berlin, la reine Wilhelmine usait de son pouvoir, de sa beauté, de son esprit et de son courage pour soulever l'Allemagne tout entière contre l'Empereur et contre l'Empire. Comme elle était souveraine, elle obtint le droit de commander un régiment de dragons; comme elle était jolie, séduisante, adorable, elle tourna la tête à des milliers de jeunes enthousiastes qui ne croyaient céder qu'à l'amour de la patrie, et qui devinrent ses esclaves par amour pour la liberté; comme elle était courageuse, exaltée, romanesque, elle trouva charmant de ressembler à la reine des Amazones; comme elle était une femme à la mode, elle joua peut-être sa couronne royale contre un costume de guerre qui lui semblait admirable, et, à vrai dire, ce costume était d'une originalité ravissante : un casque en acier poli, ombragé par un superbe panache; une cuirasse toute couverte de pierres précieuses; une tunique en velours broché d'argent, des gantelets de fer, et des bottines rouges avec des éperons d'or; enfin, comme elle était fort spirituelle, Sa Majesté Wilhelmine eut le malheur de faire beaucoup de sottises.

En quittant Berlin pour se trouver au rendez-vous de l'armée prussienne, la reine oublia de prendre, à Potsdam, la grande épée de Frédéric II, trop lourde, hélas! pour les mains d'une jolie femme : l'épée du vainqueur de Rosbach allait appartenir au vainqueur d'Iéna.

Napoléon était à Wurzbourg le 6 octobre 1806; il avait dit à Berthier, en recevant la déclaration de guerre du roi de Prusse :

— Maréchal, on nous donne un rendez-vous d'honneur : les Français ne manquent jamais à de pareilles bonnes fortunes : nous y serons; mais, comme il y a une belle souveraine qui veut être le témoin de nos luttes, soyons assez courtois pour ne la point faire attendre, et marchons, sans nous coucher, vers la Saxe.

Le prince Louis de Prusse commença la campagne, et le premier combat, le combat de Saalfeds, lui coûta la vie. Passons impitoyablement sur le prince Louis, sur son armée en déroute, et renversons d'un seul coup la royauté prussienne.

Le 14 octobre 1806, les deux armées étaient en présence : les généraux de la Prusse avaient juré de nous vaincre; la cour de Berlin avait juré de nous humilier; la jeunesse prussienne avait juré de marcher sur la France et sur Paris; le roi Guillaume avait juré de nous infliger une nouvelle défaite de Rosbach; la reine Wilhelmine avait juré de venger elle-même la mort de Marie-Antoinette, qui était une archi-duchesse allemande. Hélas! mes enfants, laissez-les dire et laissez-les faire : le premier coup de canon d'Iéna emporte tous ces beaux serments, toute cette colère et tout cet or-gueil; la reine Wilhelmine prend la fuite, poursuivie par deux hussards qui veulent voir de près une belle amazone; le roi Guillaume implore, mais en vain, le bénéfice d'un généreux armistice; la jeunesse prussienne n'a plus de pa-trie; la cour de Berlin n'a plus de royauté; les généraux de la Prusse n'ont plus d'armée; la mémoire de Frédéric II n'a plus de colonne triomphale dans les champs de Rosbach, et l'empereur Napoléon peut aller coucher à Weimar, dans les appartements de la reine !

Glorieux anniversaire de la capitulation d'Ulm, la victoire d'Iéna, qui est en même temps la victoire d'Auerstaedt, nous laisse-t-elle encore quelques Prussiens à combattre? Oui; mais ils sont vaincus à Magdebourg, prisonniers à Erfurth, désar-més à Leipsick, à Spandau, à Potsdam et à Stettin, écrasés à Lubeck, à Preutzen, partout, mes enfants; et l'on peut dire, avec le poëte, en parlant de l'Empereur et de ses en-nemis :

Il n'a fait que passer... . ils n'étaient déjà plus !

Les historiens et les politiques trouveront peut-être bien des choses dans le séjour de l'Empereur à Berlin ; moi, mes enfants, qui ne sais rien des secrets de la guerre et de la diplomatie, je n'y ai trouvé qu'un mot, un trait de grandeur, un décret et une proclamation.

Le mot est d'un orgueil bien simple ; Napoléon répondit à un général qui lui conseillait de prendre, à Potsdam, l'épée du grand Frédéric : — Que voulez-vous que j'en fasse ? est-ce que je n'ai pas la mienne ?

Le prince d'Hatzfeld, gouverneur civil de Berlin, trahissait l'Empereur, qu'il avait adoré la veille, pour le roi de Prusse, qu'il voulait adorer de nouveau le lendemain : il fut pris, jugé, convaincu de haute trahison, et condamné à mort. Madame d'Hatzfeld vint se jeter aux pieds de Napoléon, en répondant, devant Dieu et devant les hommes, de la fidélité de son mari. L'Empereur se contenta de lui dire :

— Madame, voici une lettre du prince adressée au roi de Prusse et interceptée aux avant-postes ; jugez-le vous-même !

La princesse, qui venait sans doute de condamner M. d'Hatzfeld au fond du cœur, se mit à pleurer et tomba évanouie ; en revenant à elle, la pauvre femme entendit

Napoléon qui lui disait, de sa voix la plus calme et la plus douce :

— Madame, cette lettre est la seule preuve que j'aie contre votre mari ; jetez-la au feu !

Hors d'elle, éperdue à force de surprise, de reconnaissance et de joie, la princesse s'agenouilla devant le foyer : elle prit la lettre du prince, elle la déchira, elle en jeta les morceaux dans les flammes, en s'écriant, les yeux tournés vers le ciel :

— Allez, ô déshonneur de mon mari ! allez parler de la clémence d'un grand homme à Dieu, de qui elle vient !

Quelle scène, mes enfants!... la peinture devrait cent fois reproduire un pareil tableau, qui vaut cent fois mieux que le spectacle d'une victoire.

A Weimar, le lendemain de la bataille d'Iéna, Napoléon avait déjà dit à une autre femme, à la duchesse régnante :

— Votre mari commandait hier une division prussienne ; vous l'avez sauvé en restant chez vous, en ayant confiance en moi : je lui pardonne, à cause de vous seule.

Je vous ai parlé d'un décret impérial publié à Berlin : il organisait le blocus des îles britanniques ; gigantesque mesure qui allait remuer le monde, jugement formidable contre l'Angleterre, qu'un trait de plume condamnait à mourir de faim, de soif, d'impuissance et de rage... oui, véritable condamnation à mort d'un peuple marchand, dont les exécuteurs devaient être tous les rois et tous les peuples de l'Europe continentale.

Je vous ai parlé d'une proclamation; elle disait aux soldats de l'Empire :

« Une des premières puissances de l'Europe est anéantie !
« Les forêts, les défilés de la Franconie, la Saale, l'Elbe,
« que nos pères n'eussent pas traversés en sept ans, nous les
« avons traversés en sept jours, et nous avons livré, dans
« l'intervalle, quatre combats et une grande bataille.

« Soldats! les Russes se vantent de venir à nous : nous
« marcherons à leur rencontre; nous leur épargnerons la
« moitié du chemin : je veux qu'ils retrouvent Austerlitz
« au milieu de la Prusse ! »

L'Empereur avait raison : les Russes n'étaient pas loin ; nous sommes à Berlin : allons à Varsovie, mes enfants: nous y serons au mois de janvier 1807.

Une fois en Pologne, l'armée française n'a plus ni trêve ni repos; il lui faut se battre, attaquer, se défendre, vaincre chaque jour, et je n'ai pas besoin de vous annoncer,

mes enfants, que l'armée française va suffire à cette immense besogne de combats, de batailles et de triomphes,
jusqu'au grand anniversaire de Marengo, en passant par la
glorieuse boucherie d'Eylau; l'anniversaire de Marengo
célébré en Pologne le 14 juin 1807, c'est la victoire de
Friedland!

Écrasée à la bataille de Friedland, qui venait de lui coûter soixante mille hommes, la Russie réclama du vainqueur
un armistice qui devait servir de préliminaire à la fameuse
paix de Tilsitt. Dès ce moment, la gloire politique et militaire de la France était sans pareille : la Prusse était soumise; Kœnigsberg avait ouvert ses portes au maréchal Soult ;
Dantzig avait donné un duché au maréchal Lefebvre; la
Silésie tout entière était conquise; la Pologne allait peut-
être devenir une nation indépendante; on parlait déjà, sous
la tente de l'Empereur, de former deux vastes empires :
l'Orient et l'Occident; on parlait, mes enfants, d'aller jeter
dans le Bosphore le dernier croissant de l'islamisme dégé-
néré, de conquérir les Indes anglaises, en traversant la Perse
et l'Asie, de reconstituer la Grèce chrétienne, de fonder une
nouvelle monarchie, composée de toute la Pologne et d'une
partie de la Prusse, véritable cordon sanitaire qui aurait

protégé les frontières de la France ; enfin l'on parlait, au bivouac de Friedland, *de partager le monde en deux !* Mais toutes ces belles paroles, toutes ces magnifiques espérances tombèrent une à une dans les eaux du Niémen : il ne resta, sur le radeau des deux empereurs, que la victoire de Napoléon et la défaite d'Alexandre.

Le 9 juillet, les deux monarques se rencontrèrent au milieu du fleuve, dans un pavillon flottant qui portait la fortune des rois et des peuples ; le vainqueur et le vaincu s'embrassèrent, mes enfants, et la gloire française oublia, sans doute pour être généreuse jusqu'au bout, qu'elle avait affaire à des Barbares.

Le traité de Tilsitt termina la quatrième coalition européenne contre la France. — Arrêtons-nous à Paris, mes enfants ; reposons-nous avec l'Empereur, aux Tuileries et à Saint-Cloud, pour mieux reprendre notre course à travers l'Europe.

Où irons-nous encore, mes enfants ? Nous avons vu Berlin, Vienne et Varsovie ; nous avons marché sur le radeau du Niémen, qui représentait Saint-Pétersbourg ; allons à l'autre bout de l'Europe : à Lisbonne et à Madrid ! Nous y voilà.

Napoléon avait déjà donné à sa famille, par la grâce de son génie et de son épée, un vice-roi d'Italie, un roi de Hollande, un roi de Westphalie, un roi de Naples ; il voulut donner une royauté nouvelle à l'avenir de sa dynastie impériale : il lui donna le trône d'Espagne.

XIX

GUERRE D'ESPAGNE

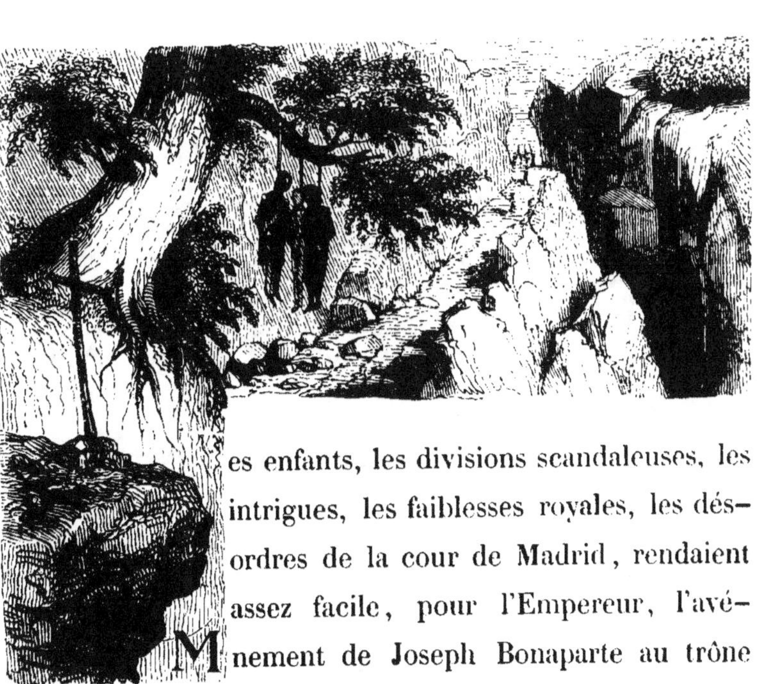

Mes enfants, les divisions scandaleuses, les intrigues, les faiblesses royales, les désordres de la cour de Madrid, rendaient assez facile, pour l'Empereur, l'avénement de Joseph Bonaparte au trône presque français de Philippe V, le petit-fils de Louis XIV.

Le roi, la reine, le prince des Asturies, le prince de la Paix, semblaient avoir juré, en conspirant les uns contre les autres, en se disputant les lambeaux de la monarchie espagnole, de mettre fin à un règne sans nom et sans pouvoir, qui descendit tout à coup du palais du duc d'Anjou, pour aller s'éteindre à la porte d'une espèce de prison d'Etat, sous les ombrages du château de Marrac, aux pieds de l'empereur Napoléon !

L'étude de la noblesse espagnole, à cette époque, est tout à fait digne de notre intérêt, mes enfants, et de notre curieuse attention : c'est l'aristocratie nobiliaire d'autrefois, dans tous les excès de la licence, de l'audace, du bon plaisir et de l'impunité; c'est encore la grandesse éclatante de Charles II, mais tempérée, gâtée, viciée par un triste reflet de la cour sensuelle de monseigneur le régent et du roi Louis XV.

Vous retrouverez, mes enfants, dans l'histoire du règne de Charles IV, toutes les illustrations d'espèce équivoque, tous les gentilshommes de gaie science, tous les héros de boudoirs et de ruelles qui avaient brillé, à l'ombre de la couronne de France, chez madame de Phalaris ou chez madame Dubarry : c'est le même esprit, la même tendance, la même dissipation, la même prodigalité, avec plus d'entrain peut-être, avec plus de verve, de soleil et de passion. A Madrid, aussi bien qu'au Palais-Royal, aussi bien qu'à Paris et à Versailles, l'on croirait, à la vue d'un pareil spectacle, que les heureux de la terre se hâtent de vivre, dans la prévision d'un lendemain funèbre qui doit les ensevelir sous les ruines du monde; c'est à qui s'amusera le plus et le mieux, à qui gaspillera le plus de folie, de vertu, d'honneur, d'amour et d'argent; dans le tourbillon éblouissant de ce carnaval splendide, un monarque, une Majesté Catholique, laisse tout dire, tout faire et tout passer : une prière de son favori Godoï, un seul mot de sa femme Marie-Louise, et ce faible souverain détournera les yeux, de peur d'intimider ces joyeux insensés qui dansent autour du trône, en attendant que le trône tombe sur eux et les écrase.

Il s'agit de l'Espagne, que l'Empereur va combattre : n'oublions pas, mes enfants, pour être justes, que cette grande et généreuse nation avait eu le courage de se séparer de l'Europe coalisée contre la France républicaine; le traité de Bâle avait mis fin aux hostilités entre la République et le gouvernement de Charles IV.

En 1807, une armée française avait traversé l'Espagne, pour aller surprendre et confisquer le Portugal au profit de l'Empire : la maison de Bragance cessa de régner ; au commencement de l'année 1808, Charles IV et le prince des Asturies, prisonniers en France, déposèrent aux pieds de Napoléon la couronne de Philippe V : la maison de Bourbon ne régnait plus en Espagne.

La guerre de l'indépendance espagnole, cette lutte qui a procédé à la façon des luttes éternelles d'autrefois, de ces batailles qui duraient un siècle, et dont raffolent les Espagnols, n'éclata véritablement que le 2 mai 1808, dans l'épouvantable émeute de Madrid, étouffée par la main inflexible de Murat ; le sang versé dans la capitale de la Nouvelle-Castille fut une rosée qui rejaillit sur l'Espagne tout entière, et chaque goutte de ce sang alla raviver dans tous les cœurs l'amour de la liberté et la haine des étrangers. Le fanatisme du peuple se montra inexorable ; les représailles furent affreuses ; les femmes elles-mêmes ne craignirent point d'exciter, en souriant, la colère des vainqueurs ; la religion vint se mêler activement aux péripéties de cette tragédie nationale, les armes à la main, avec une croix qui commençait par la tête de Christ et finissait par la pointe d'un poignard ;

« De qui dérive Napoléon? — Du péché. »

les moines se mirent à parcourir les rues de chaque ville,
en faisant réciter aux petits garçons et aux petites filles le
catéchisme suivant, le catéchisme de l'indépendance :

« — Dis-moi, mon enfant, qui es-tu?

« — Espagnol, par la grâce de Dieu !

« — Quel est le véritable ennemi de la religion, du pays
et du roi?

« — L'empereur des Français.

« — Combien a-t-il de natures?

« — Deux : la nature humaine et la nature diabolique.

« — Combien y a-t-il d'empereurs des Français?

« — Un seul, en trois personnes.

« — Comment les nomme-t-on?

« — Napoléon, Murat et Godoï.

« — Lequel des trois est le plus méchant?

« — Ils sont également mauvais tous les trois.

« — De qui dérive Napoléon?

« — Du péché.

« — Et Murat?

« — De Napoléon.

« — Et Godoï?

« — Des deux autres.

« — Que sont les Français?

« — D'anciens chrétiens devenus hérétiques.

« — Est-ce un grand mal que de mettre les Français à mort?

« — Non, mon père; on gagne le ciel en les tuant.

« — Quelle peine mérite un Espagnol qui trahit ses devoirs?

« — Le supplice et l'infamie des traîtres.

« — Qui nous délivrera de nos ennemis?

« — Dieu.

« — Par quels moyens?

« — Par la prière, par les armes, par la vengeance.

« — Allez donc, enfants : priez, vengez-vous et tuez! »

Certes, l'influence patriotique de cette rage populaire inspira d'horribles vengeances, mais sans pouvoir arrêter, Dieu merci! l'élan de la pitié généreuse et des dévouements sublimes.

Dès que l'Empereur prendra la peine d'entrer en Espagne, il aura l'honneur de vaincre les Espagnols dans cinquante batailles; mais il ne les soumettra jamais : cinquante victoires ne lui donneront pas une conquête. Plus tard, mes enfants, Napoléon, qui pense toujours à l'avenir des peuples, aura beau supprimer le tribunal secret de l'Inquisition, détruire les couvents, abolir les droits féodaux, renverser les barrières provinciales, réorganiser les douanes, créer des cours de justice, anéantir les juridictions seigneuriales, introduire dans *les Espagnes* l'unité espagnole, — la nation tout entière criera *Vivent les moines! vive le saint-office! vivent les fuéros! vivent les priviléges! vivent les seigneurs! vive l'injustice!* afin d'avoir encore le triste droit de crier *A bas la France! à bas l'empereur des Français!*

Tenez, mes enfants, voici un simple souvenir qui vous dira peut-être, bien mieux que la politique de l'histoire, ce que c'était que les nouveaux adversaires de l'Empereur et de l'Empire.

Il y avait à Tarragone, au moment où fut jeté le premier cri de guerre, une centaine de Français, braves gens inoffensifs qui s'effrayèrent un peu trop tard du tumulte insurrectionnel de la populace, et qui résolurent enfin d'aller chercher un abri dans l'enceinte du château fort de la ville. Un soir, des malfaiteurs enrégimentés, payés et dirigés par un prêtre, attaquèrent la citadelle et dispersèrent la garde sans coup férir : chaque Français fut conduit, à son tour, dans une chambre isolée, confessé par le prêtre, absous au nom de Dieu, et tué de par la religion et l'indépendance; la place publique, tout entière, servit d'échafaud, et le peuple se fit l'exécuteur infatigable de ces hautes-œuvres.

Au bruit de cette hache qui se relevait et retombait sans cesse, on vit accourir, de tous les côtés de la ville, des prêtres, des moines, des femmes, qui s'avançaient comme une procession sur le théâtre du carnage : lugubre cortége, qui marchait précédé du saint sacrement, illuminé par l'éclat des torches et des cierges, et qui chantait en un chœur immense les dernières prières des agonisants!... A l'aspect de cet appareil religieux, la hache s'arrêta tout à coup; les assassins tombèrent à deux genoux, les mains jointes, et se mirent à prier dans le sang.... pour le salut, pour la liberté de l'Espagne!

Longtemps après cette horrible scène, lorsque les troupes françaises furent entrées dans Tarragone, le maréchal Suchet s'ingénia à rassurer les habitants contre la terreur d'une réaction violente; il rendit à la cité vaincue, sinon conquise, une liberté presque entière, tempérée par le voi-

sinage des canons; il chargea des agents fidèles de s'en-
quérir et de l'instruire de l'esprit véritable de la bourgeoisie;
il fit mander en sa présence les patriotes exaltés, les in-
stigateurs fanatiques, les hommes d'action. A ce titre, un
Espagnol redoutable, nommé Balthasard Piédra, dut com-
paraître par-devant le maréchal Suchet : ce Balthasard
était un simple barbier, bien connu dans la ville pour son
courage, sa résolution et son influence populaire.

— Que fais-tu? quel est ton métier? lui demanda le maréchal.

— Je suis barbier, ni plus ni moins.

— Tu es riche?

— Assez pour équiper et entretenir une guérilla à mes
frais.

— Tu as fermé ta boutique; pourquoi?

— Parce qu'il ne me sied pas d'y servir des étrangers.

— A-t-on logé des militaires chez toi?

— Non.

— Te répugnerait-il d'en recevoir?

— Non... pourvu qu'ils respectent ma propriété, mes
habitudes, ma religion, mon pays et ma femme!

— Sans cela....

— Je me vengerai.

— On dit que tu peux beaucoup sur la canaille de Tarragone?

— Oui, quand je parle à cette canaille, du Ciel, et de la patrie !

— Tu es un homme dangereux....

— Je le crois.

— Si je te faisais pendre ce soir?

— Vous seriez peut-être pendu demain.

— Va-t'en ; j'aurai l'œil sur toi.

— Et Dieu a l'œil sur vous !

Au mouvement que fit l'Espagnol pour sortir, Suchet aperçut un enfant de neuf à dix ans qui se tenait immobile et se cachait, de son mieux, dans le manteau du barbier. L'enfant regarda le maréchal avec une malice qui était déjà de la colère et de la haine ; il releva fièrement un grand fusil qu'il soutenait à grand'peine, et allongea sa petite main pour se pencher au bras de Balthasard.

— Ce garçon est ton fils?

— Oui, c'est bien mon fils.

— Mon jeune ami, reprit le maréchal en s'adressant au petit Espagnol, que voulez-vous faire de ce fusil?

— Je veux m'en servir pour tuer les Français.

— Pardonnez-lui cette idée, murmura Balthasard; il n'entend que cela tous les jours, de la bouche des hommes, des femmes et des enfants.

Il est facile de comprendre, par les réponses du barbier au maréchal, toute la rage que lui inspirait la seule vue des étrangers; eh bien! chaque Espagnol, dans le peuple, ressemblait à ce Balthazard Piédra : à ses yeux, l'Espagne était une ravissante maîtresse, adorable et adorée; toucher à l'Espagne, la regarder en face, se jouer d'elle ou la frapper, c'était l'insulter aussi, le railler et le blesser au cœur; enfin le peuple aimait jusqu'à l'exaltation, jusqu'au délire, les deux plus belles choses du monde, suivant lui, le Ciel et l'Espagne, Dieu et la patrie! Du reste, les Espagnols haïssaient à la fois les Anglais et les Français, par une raison bien simple et bien nationale : c'est que l'Espagne avait eu naguère à lutter contre l'Angleterre, comme elle avait alors à se défendre contre la France.

La guerre d'Espagne devait durer six ans; oh! quelle guerre! quelle guerre! et surtout, quelle faute! quelle faute!

Laissons là cette lutte affreuse, cette lutte d'extermination, au fond de laquelle gronde et s'agite la colère des Anglais;

laissons là cette héroïque et malheureuse Espagne : tâchons de l'oublier au milieu des fêtes, des solennités, des magnificences impériales d'Erfurth, où l'Empereur va recevoir l'hommage de ses grands vassaux couronnés, les petits rois de la confédération germanique.

XX

utrefois, mes enfants, dans le bon temps
de la royauté, au grand siècle de la monarchie française, lorsque Louis XIV essayait de se distraire par une promenade
à Marly, par une visite à l'armée, par
un voyage à Fontainebleau, les courti-

sans, les gentilshommes, les beaux désœuvrés de Versailles se prenaient à dépenser plus d'esprit, plus de ruse, plus d'imagination, pour suivre le carrosse du roi, qu'il n'en aurait fallu, sans doute, pour bien gouverner le royaume de France.

Il en fut ainsi, mes enfants, pour le voyage de Napoléon à Erfurth : les empereurs, et les rois, et les princes, et les ministres, et les généraux, et tous ceux qui étaient quelque chose de grand en Europe, mendièrent l'honneur d'accompagner, de suivre, de visiter, de servir, d'adorer le nouveau Charlemagne. Seul, parmi tous les vassaux couronnés de l'Empire, le monarque autrichien fut exclu du glorieux bénéfice de l'hospitalité impériale : l'empereur d'Autriche s'effraya d'une pareille disgrâce ; il s'agenouilla comme un courtisan, pour baiser encore l'impitoyable main de son maître.

A Erfurth, Napoléon se trouvait véritablement chez lui : il y recevait la France et l'Allemagne ; ou plutôt, mes enfants, c'était la France, dans la personne de son Empereur, qui consentait à y recevoir l'Allemagne. Le garde-meuble de la couronne y avait envoyé ses richesses les plus brillantes, ses trésors les plus rares, et la liste civile française s'était chargée de tous les menus-plaisirs de cette nouvelle cour de souverains et de princes.

Les conférences et les fêtes d'Erfurth durèrent depuis le 27 septembre jusqu'au 14 octobre 1808 : chaque jour, c'était une chasse, un banquet, un bal, une représentation dramatique ; et au milieu de tous ces plaisirs bruyants, de toutes ces distractions royales, qui étaient en apparence le seul but de cette réunion solennelle, les deux empereurs, Napoléon et Alexandre, renouvelaient, à voix basse, l'alliance de Tilsitt, préparaient une lettre officieuse à l'adresse du roi d'Angleterre, se partageaient des provinces conquises, et convenaient, au profit de la France, d'une nouvelle monarchie espagnole.

Il y avait une idée toujours nationale, toujours française, dans tout ce que faisait, dans tout ce que disait l'Empereur. A Erfurth, mes enfants, les comédiens du Théâtre-Français de Paris donnèrent aux rois étrangers le spectacle des chefs d'œuvre de notre répertoire tragique. Un soir, la pièce d'*OEdipe*, de Voltaire, devint une tragi-comédie dont le principal personnage n'était point sur la scène ; à ce beau vers, à cette noble pensée, qui se trouve, ce me semble, dans le rôle de Philoctète :

L'amitié d'un grand homme est un bienfait des dieux !...

Alexandre saisit vivement la main de Napoléon, avec toutes les apparences du sentiment et de l'enthousiasme, comme s'il eût voulu répéter, du geste et du regard, l'allusion involontaire du poëte. O mes enfants! le plus habile comédien d'Erfurth était, ce soir-là, dans la salle, tout près de l'empereur Napoléon!

Un jour, à l'issue des manœuvres, les deux empereurs résolurent d'aller faire incognito une promenade politique dans les environs d'Erfurth. Ils montèrent à cheval, et les voilà, sans escorte, sans aucune suite, au milieu de la campagne, courant côte à côte, et décidant de l'avenir des peuples... au grand galop. Fatigués de courir à travers champs, Napoléon et Alexandre mirent pied à terre sur le bord d'un chemin ombragé qui touchait au seuil d'un cimetière : le spectacle imprévu de cette demeure suprême les effraya peut-être, et il y eut un moment de silence. Les deux augustes promeneurs, qui commandaient à des millions d'hommes, rêvèrent sans doute à l'égalité des rois et des sujets devant la mort.

La poésie antique mit un terme à cette triste rêverie : en

s'asseyant sur un banc de terre, au pied d'un arbre, Alexandre laissa tomber un livre qui ne contenait rien moins que les œuvres complètes de Virgile; Napoléon ramassa le précieux volume, et le rendit à l'empereur de Russie, qui s'écria :

— Quel grand poëte, sire, mais quel mauvais jardinier que ce pauvre Virgile! Figurez-vous que je me suis avisé de planter, de semer, de labourer, *les Géorgiques* à la main; quelle sotte besogne! A vrai dire, le soleil refuse tout à la terre maudite de mon pays. Qu'est-ce donc qui pousse le mieux dans votre royaume de France?

— Les lauriers! répondit Napoléon.

— Je ne m'étonne plus, reprit Alexandre, que vous en fassiez litière.

Une vieille paysanne passa tout près des deux souverains; elle les salua respectueusement, sans se douter, hélas! qu'elle saluait des empereurs occupés à se partager, au pied d'un arbre, une assez belle partie de ce monde.

— Ma bonne femme, lui demanda Alexandre, où allez-vous ainsi, de votre pas le plus léger, en vous hâtant comme une jeune fille?

— Je vais à Erfurth... je vais voir l'Empereur des Français.

— Et l'empereur de toutes les Russies?

— Non... l'Empereur des Français seulement.

— Et le roi de Prusse?

— Non... rien que l'Empereur des Français.

— Et pourquoi? lui demanda à son tour Napoléon.

— Parce que je tiens à voir ce que c'est que ce nouveau Dieu fait homme!... Je l'ai manqué une fois, de quelques minutes, après la bataille d'Iéna... je ne veux point le manquer aujourd'hui.

Ce nom d'Iéna, prononcé par la vieille paysanne, ne fut pas perdu pour le noble orgueil de l'empereur Napoléon : le lendemain, tous les rois, tous les souverains, tous les courtisans d'Erfurth reçurent l'ordre d'accompagner leur vainqueur et leur maître, dans une promenade officielle, dans une promenade solennelle.

Où donc allaient tous ces petits souverains, mes enfants, tous ces esclaves de la victoire, attelés au char du conquérant de la Prusse?... Nul d'eux ne le savait peut-être... Ils allaient à Iéna, ils allaient visiter le champ de bataille d'Iéna, où la France avait enseveli, pêle-mêle avec trente mille hommes, la gloire de la monarchie prussienne. A cheval sur le plateau même où il avait bivouaqué, Napoléon montra à tous les princes de sa suite impériale un temple dédié au génie de la guerre, un souvenir monumental qui avait caché pour toujours la honte de la défaite de Rosbach. Les rois vaincus et humiliés qui se pressaient autour de l'Empereur, s'inclinèrent en tremblant sur le seuil de ce temple, et ce fut ainsi que Napoléon leur fit ses adieux !

Mes enfants, je suis presque forcée de reprendre mon récit de tout à l'heure : *à travers l'Europe*. Jugez : Napoléon quitte sa résidence impériale d'Erfurth ; il visite sa bonne ville de Paris ; il ordonne, en passant, l'exécution du nouveau code de commerce ; il traverse la France, et il entre en Espagne avec la victoire, avec cette compagne fidèle qui ne veut suivre, qui ne veut servir que son maître d'Italie, d'Égypte et d'Allemagne.

La coalition européenne, qui saignait encore par toutes les blessures que la France lui avait faites, laissa le temps à l'Empereur de gagner, contre l'armée anglo-espagnole, les batailles de *Gamonal*, de *Valladolid*, de *Durango*, de *Valmacéda*, d'*Aranda*, de *Soria*, de *Médina-Cœli*, et bien d'autres batailles, qui ouvrirent au vainqueur les portes de Madrid, le 4 décembre 1808.

Une fois dans le palais des rois d'Espagne, le conquérant

déposa son épée, pour prendre la plume du législateur qui savait si bien organiser ses conquêtes. Mais l'Autriche, cette incorrigible Autriche, qui ne voulait rien apprendre et qui voulait tout oublier, obligea l'Empereur à sortir de Madrid, à revenir en France à la hâte, pour aller écraser les deux aigles couronnés, qui essayaient de ressembler au phénix en s'efforçant de renaître des cendres de la monarchie autrichienne.

Oh! mes braves soldats d'Austerlitz, d'Iéna et de Friedland, le génie de la France vous réserve de nouvelles épreuves, bien des épreuves glorieuses! Est-ce que six cent mille Autrichiens, commandés par des archiducs, effraieraient un seul jour, un seul instant, votre patience, votre dévouement et votre courage? Non, non!... Vous passerez le Rhin le 19 avril 1809; aux deux premières rencontres, aux combats d'Abensberg et de Landshut, vous culbuterez le prince Louis et le général Hiller; le 22 avril, vous attaquerez l'archiduc Charles devant Eckmuhl, et cent mille hommes s'enfuieront, à la fin du jour, dans tout l'appareil d'une épouvantable déroute, en vous laissant des blessés, des canons, des drapeaux et vingt mille prisonniers; le 23 avril, vous prendrez d'assaut la ville de Ratisbonne; et, pour venger votre Empereur, qui aura été blessé d'une balle, vous passerez au fil de l'épée tous les ennemis qui ne se croiront pas vaincus en vous voyant; le 10 mai, vous reverrez la capitale de l'Autriche, vous la bombarderez pendant trente-six heures, en prenant bien garde, ô mes généreux vainqueurs! à ne point diriger le feu de vos batteries sur le palais impérial, habité par une archiduchesse que l'on nomme Marie-Louise ; vous allez rendre hommage, sans le savoir, à votre future Impératrice !

Quel singulier mystère de l'histoire, mes enfants! Voilà Marie-Louise qui est malade, et qui doit peut-être la vie à un ordre, à un mot de l'Empereur. Napoléon entre dans Vienne, et le lendemain, à quelques pas de cette archiduchesse d'Autriche qui montera sur le trône de France , il décrète la réunion des États romains à l'empire français; il renverse, d'un trait de plume, la royauté divine de saint Pierre, du fond de ce palais d'où était parti un empereur pour aller s'agenouiller aux pieds du Saint-Père. Mes enfants, il n'y a plus de pape dans la capitale du monde chrétien : qui est-ce qui va régner dans la ville éternelle? où est donc le roi de Rome?...

Le souverain pontife répondit au décret impérial par un

bref d'excommunication; mais, suivant une parole qui n'est pas la mienne, les foudres du Vatican *se gelèrent en passant les Alpes*, et il n'en tomba pas un seul éclat sur le trône de l'Empereur!

La prise de Vienne n'avait point enlevé à l'Autriche une armée formidable, qui campait, avec le prince Charles, sur la rive gauche du Danube; la journée du 22 mai éclaira la sanglante bataille d'Essling, triste victoire, qui donnait presque à nos ennemis le droit de chanter un *Te Deum :* la France venait de perdre un de ses meilleurs citoyens, l'armée française un de ses plus braves généraux, l'Empereur un de ses amis les plus dévoués; le maréchal Lannes, duc de Montebello, était mort!

La douleur de Napoléon fut grande, mes enfants, et bien vraie, et bien sincère, comme celle d'un homme; il disait, à genoux, penché sur le corps de l'illustre victime qui respirait encore :

— Lannes, me reconnais-tu?... c'est moi... c'est ton Empereur... Non, non... c'est ton ami, ton camarade, ton égal devant la gloire... Lannes, réponds à Bonaparte!...

Le maréchal mourut, mes enfants, mais non pas sans reconnaître le glorieux souverain qui se faisait son égal, et il répondit à son ami Bonaparte : Vive Napoléon ! vive la France !

L'année 1805 avait eu la victoire d'Austerlitz ; l'année 1806, la victoire d'Iéna ; l'année 1807, la victoire de Friedland ; l'année 1808, la victoire d'Espinosa ; il fallait à l'année 1809 une grande victoire : elle reçut de l'Empereur, pour sa part de gloire, la mémorable bataille de Wagram !

Pour la quatrième fois, l'Autriche se mit à la discrétion du héros d'Arcole, et Napoléon fut trop discret peut-être en signant un nouveau traité, qui n'engageait que la générosité du vainqueur.

Un jeune homme, un étudiant, Frédéric Staps, faillit déchirer le traité de Vienne sur la poitrine de l'Empereur, avec la pointe d'un poignard qu'il avait emprunté à la société secrète des *Amis de la vertu*. Napoléon voulut interroger lui-même Frédéric Staps :

— D'où êtes-vous ?

— Je suis de Naumbourg.

— Quel mal vous ai-je fait ?

— Vous avez vaincu ma patrie.

— Est-ce la religion qui a pu vous déterminer au crime ?

— Non.

— Étiez-vous à Erfurth, quand j'y suis allé l'année dernière ?

— Oui ; je vous y ai vu trois fois.

— Pourquoi ne m'avez vous pas tué alors ?

— Vous laissiez respirer mon pays, et je ne voyais en
vous qu'un grand homme.

— Vous connaissez l'histoire de Brutus ?

— Il y a deux Romains de ce nom : le dernier est mort
pour la liberté.

— On a trouvé sur vous un portrait ; quelle est cette
femme ?

— Ma meilleure amie !

— Quoi ! votre cœur est accessible à de doux sentiments,
et, en devenant un assassin, vous n'avez pas eu peur d'affli-
ger les personnes que vous aimiez ?

— J'ai cédé à une voix plus forte que ma tendresse.

— En me frappant au milieu de mon armée, espériez-vous
de pouvoir vous échapper ?

— Non ; je suis étonné d'exister encore.

— Si je vous faisais grâce ?...

— Je tâcherais de nouveau de vous tuer.

Frédéric Staps fut jugé ; il mourut sur l'échafaud, en

« Si je vous faisais grâce? — Je tâcherais de nouveau
de vous tuer. »

criant : Vive la liberté! vive l'Allemagne! — Pauvre Allemagne! l'Empire est tombé; l'Empereur n'est plus de ce
monde : eh bien ! où est donc la liberté allemande?

Dans la campagne de 1809, qui venait de finir par le
traité de Vienne, Napoléon avait visité les ruines de Dirnstein, qui rappelaient à sa mémoire la touchante infortune de Richard Cœur-de-Lion ; l'aspect de ces débris historiques inspirait sans doute à l'Empereur des réflexions
qui ressemblaient à des prophéties. Il disait au duc de
Montebello :

—Richard aussi avait guerroyé dans la Palestine et la
Syrie ; il avait été plus heureux que nous à Saint-Jean-
d'Acre, mais non pas plus vaillant que toi, mon brave Lannes ; il avait battu le grand Saladin !... Et cependant, de
retour en Europe, il fut trahi, il fut vendu par un duc d'Autriche à un empereur d'Allemagne... Et le dernier de sa
cour, Blondel seul, lui resta fidèle !

Napoléon parlait avec une mystérieuse tristesse de la
gloire et de la captivité de Richard Cœur-de-Lion ; c'était
à la fin de l'année 1809 : il n'y avait pas bien loin du château de Dirnstein à la prison de Sainte-Hélène !

Napoléon revint à Paris, au mois de novembre 1809,

pour présider aux fêtes de la Paix et de la Victoire. Des rois, une foule de petits souverains, des ministres et des seigneurs de tous les États, l'Europe représentée par les plus nobles ambassades, se rangèrent autour du trône impérial : c'était une pluie de couronnes royales qui tombait aux pieds de la France, personnifiée dans son Empereur. Je ne vous parle pas de l'ivresse du peuple, mes enfants : elle fut héroïque, prodigieuse, surhumaine, comme le grand homme qui enivrait toute la nation.

A cette époque, mes enfants, Paris voyait, avec un juste orgueil, s'élever, sur une de ses places, un monument homérique, dédié à la gloire de la grande armée : c'était la colonne Vendôme; c'était le bronze de la campagne d'Austerlitz, que l'Empereur avait fait tourner en une spirale glorieuse, toute chargée des batailles de cette prise d'armes qui commence à Boulogne et qui finit à Presbourg.

L'on dit, mes enfants, qu'un soir de l'année 1809, à son retour de Vienne à Paris, l'Empereur visita secrètement la colonne Vendôme, qui n'était pas encore terminée, dans tous ses magnifiques détails. Napoléon prit la peine de monter, avec le grand-maréchal du palais, les cent soixante-seize marches qui mènent au sommet de ce monument triomphal.

Debout sur la galerie du chapiteau, les bras croisés sur sa large poitrine, les yeux... ou plutôt l'esprit et le cœur fixés sur cet immense horizon qui se déroulait devant sa pensée, le vainqueur de l'Europe se mit à passer la revue de ses États, de ses armées, de ses sujets et de ses esclaves. Il salua d'abord la France, qui l'avait fait Empereur ; il vit s'agiter à ses pieds, de près ou de loin, l'Italie, dont il était le roi ; Rome, qu'il avait réunie à l'Empire ; la Suisse, dont il était le médiateur ; la confédération du Rhin, qu'il protégeait en maître ; l'Espagne, qu'il était sûr de vaincre, et toutes les nations qui relevaient de son influence ou de sa couronne ; enfin, mes enfants, il compta plus de cent millions d'hommes qui obéissaient à ses armes et à ses lois.

Napoléon dit à Duroc, qui se tenait immobile près de lui :

— Regarde !

Le maréchal du palais s'imagina qu'il s'agissait de regarder la grande ville... c'était le monde que lui montrait l'Empereur !

Ce soir-là, mes enfants, Napoléon parut sévère, soucieux, triste, au milieu des fêtes brillantes qui célébraient sa gloire et son génie ; il songeait sans doute à la revue impériale

qu'il avait passée du haut de la colonne, et il se disait peut-
être : A qui laisserai-je tout cela?

Il n'avait pas un véritable héritier, un successeur légitime... il n'avait pas un fils, mes enfants!

XXI

MARIAGE DE NAPOLÉON

NAISSANCE DU ROI DE ROME

ans les fêtes de cour, dans les plaisirs officiels, dans les réunions d'apparat qui célébraient la paix et la victoire, parmi tous ces rois et ces princes qui se faisaient à l'envi les courtisans empressés de l'Empereur, un noble jeune homme, un noble capitaine portait, le moins tristement qu'il lui était possible, le deuil anticipé de deux couronnes : celle d'un roi et celle d'une impératrice, la sienne et celle de Joséphine; Eugène de Beauharnais, le fils adoptif de Napoléon, que les probabilités humaines destinaient à la royauté d'Italie, avait été chargé secrètement de redemander à sa mère le diadème impérial que l'Empereur lui avait donné. Oui, mes enfants, l'Empereur songeait à répudier la femme de Bonaparte; il voulait répudier la véritable épouse de son génie.

Cette bonne et charmante Égérie, qui avait aimé, qui avait protégé le jeune général de 1796 ; cette douce et persuasive conseillère, qui n'avait su conseiller que le bien ; cette majesté si aimable et si dévouée, qui portait une couronne de fleurs sur le trône de l'empire du monde; hélas! Égérie allait disparaître pour toujours de ce palais impérial, j'allais dire de ce buisson fleuri où elle avait tant de fois inspiré son empereur et son maître !

Ce fut une disposition du concile de Trente qui annula, le 14 janvier 1810, le mariage de Napoléon avec Joséphine; le concile de Trente, ressuscité pour les besoins de la cause de Bonaparte ! La raison d'État brise la royauté d'une femme; mais la Providence donnera tort à la raison d'État.

O mes enfants! quelle histoire que celle du second mariage de cet officier de fortune qui est devenu césar!... En 1810, c'est la pauvre Joséphine, trahie, repoussée, répudiée par un grand homme bien-aimé, qui a échangé la cape et l'épée du soldat contre le sceptre et le manteau de l'empereur; en 1815, c'est Napoléon, trahi, repoussé, oublié à son tour par une autre impératrice : il est seul, il n'a plus ni femme ni enfant... il n'a plus rien! Souvent, il dut entendre une voix secrète qui lui criait au fond du cœur : Et Joséphine? qu'as-tu fait de Joséphine?

M. Meneval, dont je vous ai déjà parlé, mes enfants, eut le triste honneur d'assister à la dernière rencontre, à la dernière entrevue de Napoléon et de Joséphine. C'est lui, cet honnête homme d'esprit, qui va vous raconter en peu de mots la scène déchirante d'un adieu impérial qui commençait une séparation éternelle.

« L'ex-Impératrice descendit dans son appartement, et
« l'Empereur rentra dans son cabinet, triste et silencieux;
« il se laissa tomber sur la causeuse où il s'asseyait habituel-
« lement, dans un état d'abattement complet. Il y resta

« quelques instants, la tête appuyée sur sa main, et, quand
« il se leva, sa figure était bouleversée. Les ordres de dé-
« part pour Trianon avaient été donnés d'avance ; quand on
« vint l'avertir que ses voitures étaient prêtes, il prit son
« chapeau et me dit : — Meneval, venez avec moi. — Je le
« suivis par le petit escalier tournant qui, de son cabinet,
« communiquait avec l'appartement de l'Impératrice. Cette
« princesse était seule et paraissait livrée aux plus doulou-
« reuses réflexions. Au bruit que nous fîmes en entrant,
« elle se leva vivement et se jeta en sanglotant au cou
« de l'Empereur, qui la serra contre sa poitrine et l'em-
« brassa à plusieurs reprises ; mais, dans l'excès de son
« émotion, Joséphine s'était évanouie. L'Empereur, vou-
« lant éviter le renouvellement du spectacle d'une douleur
« qu'il n'était pas en son pouvoir de calmer, déposa l'Im-
« pératrice dans mes bras, me recommanda de ne point la
« quitter, et se retira rapidement par les salons du rez-de-
« chaussée.

« Joséphine s'aperçut bientôt de la disparition de l'Em-
« pereur ; ses plaintes et ses sanglots redoublèrent. Dans
« son trouble, elle m'avait pris les mains, en me suppliant
« de dire à l'Empereur de ne pas l'oublier et de l'assurer

Adieux de Joséphine à Napoléon.

« d'une tendresse qui survivrait à tout événement. Elle
« avait de la peine à me laisser partir, comme si mon éloi-
« gnement allait rompre le dernier lien par lequel elle te-
« nait encore à l'Empereur. Je la quittai, ému d'une dou-
« leur si vraie et d'un attachement si sincère ; j'en fus
« profondément attristé pendant toute la route ; je ne pou-
« vais m'empêcher de déplorer les rigoureuses exigences de
« la politique, qui brisaient violemment les liens d'une af-
« fection éprouvée, pour imposer une autre union n'offrant
« que des chances incertaines. »

Vous ne connaissez pas encore, mes enfants, la femme
bienheureuse qui doit remplacer Joséphine… je me trompe,
qui doit succéder à Joséphine sur le trône de France : c'est
une archiduchesse d'Autriche ; elle se nomme Marie-Louise ;
elle est jeune et à peu près jolie ; elle a été élevée dans la
retraite, loin de la cour, avec des femmes d'honneur et
des enfants ; elle ne sait rien du monde ni de la politique ;
elle s'est laissé dire seulement que Napoléon est l'ennemi
le plus redoutable de la maison de Hapsbourg ; elle hait
la France et l'empereur des Français.

« Les jeux habituels de son frère et de ses sœurs, a dit
« encore M. Meneval, consistaient à ranger en ligne une

« troupe de petites statuettes en bois ou en cire, qui repré-
« sentaient l'armée française, à la tête de laquelle ils avaient
« soin de mettre la figure la plus noire et la plus rébarba-
« tive. Ils lardaient cette figure à coups d'épingle et l'acca-
« blaient d'outrages, se vengeant ainsi, sur ce chef inof-
« fensif, des tourments que faisait éprouver à leur famille
« le chef redouté contre lequel les efforts des armes autri-
« chiennes et les foudres du cabinet de Vienne étaient im-
« puissants... »

Après cela, mes enfants, saluez, si bon vous semble,
notre nouvelle Impératrice, qui a horreur de Napoléon,
horreur de la France, horreur de ce palais des Tuileries autrefois habité par Marie-Antoinette ; saluez l'archiduchesse
Marie-Louise, qui parle de son dévouement, de son sacrifice,
et qui se compare tout simplement à Iphigénie !

La maison d'Autriche avait à cœur d'ajouter une scène
au spectacle de ses humiliations volontaires : au premier
bruit, au premier mot du projet de divorce longtemps médité par Napoléon, elle s'était empressée d'offrir une *fille
chérie*, comme une victime propitiatoire. Le prince Eugène,
qui avait battu l'archiduc Jean en Italie, fut chargé de terminer le mariage politique d'une archiduchesse; Berthier,

qui devait un titre nobiliaire à la victoire de Wagram, s'en alla chercher à Vienne, pour l'Empereur, l'impératrice Marie-Louise. Le prince Eugène et le prince de Neufchâtel dans l'intimité de la cour autrichienne : quelle honte pour l'Autriche, mes enfants!

Le jour du départ de l'impératrice Marie-Louise pour la France, le peuple de Vienne, à l'instigation des agents russes et anglais, fit entendre autour du palais impérial des plaintes plus ou moins sincères sur le sacrifice que l'on avait imposé, criait-il, à la faiblesse de l'empereur François; chacun déplorait du fond du cœur ou du bout des lèvres le sort de cette pauvre princesse livrée à un soldat heureux, à un soldat brutal; on pleurait, on feignait de pleurer sur elle, comme s'il se fût agi de la malheureuse fille de Jephté. L'émeute officielle essaya de dételer le carrosse qui allait emporter Marie-Louise, et M. de Metternich profita des apparences de cette douleur, de cette indignation publique, pour adresser de belles phrases, qui n'étaient que d'humbles prières, au vainqueur, au maître de l'Autriche.

Le 28 mars 1810, la nouvelle Impératrice arriva au château de Compiègne, où l'attendait l'Empereur; le 30, elle fut mariée civilement à Napoléon, dans les appartements de Saint-Cloud ; le lendemain, elle fit son entrée solennelle dans Paris, et, en la voyant, le peuple se souvint de Marie-Antoinette. La politique avait fait ce mariage, mes enfants : la politique pouvait le défaire.

Après cette alliance de famille entre la maison de Hapsbourg et la *maison de Bonaparte*, l'année 1810 nous offre le spectacle de l'abdication honorable de Louis, roi de Hollande ; du développement immense de ce système continental qui promet à l'Empereur la mort de l'Angleterre ; de nos combats et de nos victoires en Espagne ; de la révolution de Suède, qui donne une royauté au maréchal Bernadotte ; de l'enlèvement du pape, qui est amené en France, à Fontainebleau ; enfin, de la réunion de la Baltique et du Valais à la carte de l'Empire français.

Mes enfants, rien ne va plus manquer au bonheur et à l'orgueil de Napoléon : le 20 mars 1811, la foule, agitée, impatiente, curieuse, inquiète, inondait la place du Carrousel et le jardin des Tuileries ; elle attendait, avec une émotion qui était tour à tour de la crainte et de l'espérance, le signal du canon des Invalides, qui devait annoncer à la grande ville la naissance d'un roi de Rome. Parfois, la silhouette de l'Empereur se dessinait sur les vitres du palais,

et le peuple criait aussitôt Vive Napoléon II !... en songeant à l'enfant impérial qui ne vivait encore que dans la
pensée de Dieu.

Le bourdon de Notre-Dame se fit entendre à sept heures
du soir, et l'on entendit presque en même temps le premier signal des Invalides : la foule, attentive, silencieuse,
compta les coups de canon jusqu'au vingt et unième, avec
une inquiétude qui avait quelque chose de religieux, de solennel et d'immense ; la joie, l'orgueil, l'enthousiasme du
peuple éclatèrent avec la vingt-deuxième salve : c'était un
fils qui venait de naître à l'Empereur ! c'était un héritier que
le ciel envoyait à l'Empire ! c'était un enfant bien-aimé que
la Fortune donnait à la France !

L'explosion de l'ivresse publique retentit en un clin d'œil
dans tous les quartiers de Paris ; l'heureuse nouvelle volait
de bouche en bouche, de cœur en cœur ; et, chose bien
singulière ! le soir même, par une espèce d'enchantement,
les détails les plus intimes sur la naissance de Napoléon II
n'étaient plus un mystère pour personne ; l'on se disait dans
les rues, sur les places publiques, au fond des faubourgs,
partout : — Les douleurs de l'Impératrice ont duré une nuit
et un jour ; Dieu a voulu sans doute que l'enfantement du

roi de Rome fût difficile, laborieux, parce qu'il s'agissait d'un enfant qui allait représenter la plus grande destinée de ce monde. La mort a longtemps menacé l'Impératrice et son fils ; le chirurgien Dubois a consulté Napoléon, qui lui a répondu sans hésiter : *Ne pensez qu'à la mère et traitez-la comme une bourgeoise de la rue Saint-Denis.* La science a fait un miracle, mais l'enfant venu au monde avait l'air de ne pas vivre ; il lui fallait encore dix minutes pour jeter ce premier cri qui annonce le premier sentiment, la première douleur de la vie, peut-être parce que l'enfant a quitté Dieu pour les hommes. Le temps a paru bien long à l'Empereur ; enfin, son fils respire, il se meut, il s'agite, il souffre, il vit, il vivra ! Napoléon, bien heureux, ivre de joie, hors de lui, s'est précipité dans le salon où l'attendaient la France et l'Europe, et l'homme s'est écrié en essuyant ses larmes : *Messieurs, mes amis, mes compagnons... c'est un roi de Rome !*

Les ambassadeurs vinrent présenter leur hommage à Napoléon II ; le page de la cour qui annonça le premier au conseil municipal la naissance de l'héritier de l'Empire, reçut un présent de dix mille francs de rente : les membres de ce conseil décrétèrent, en 1814, la déchéance de la dynastie impériale. Le lendemain, le grand-chancelier de la Légion-d'Honneur et le grand-chancelier de la Couronne-de-Fer déposèrent sur le berceau du roi de Rome les grands-cordons de ces ordres; le prince de Schwarzemberg, ambassadeur d'Autriche, y déposa la grande décoration de l'ordre de Saint-Etienne; à son tour, je l'imagine, l'Empereur y jeta, par la pensée, toutes les conquêtes, tous les royaumes, toutes les provinces, la France, l'Espagne, l'Italie, Naples, la Westphalie, la Hollande, dont il avait fait des fleurons splendides pour la couronne de Napoléon II.

Hélas! mes enfants, le fils de l'Empereur est mort en 1832, en Autriche, avec le misérable titre de duc de Reichstadt, que son père ne lui avait pas donné; il est mort dans le château de Schœnbrunn, où Napoléon avait signé des décrets pour régler le sort de l'Europe; il est mort dans une somptueuse solitude, après avoir vécu tristement, malheureusement, surveillé par la police de M. de Metternich, presque oublié de sa mère, sans un seul ami qui lui parlât de la France et de l'Empereur; je me trompe : en 1831, un ministre de Charles X eut l'honneur de faire sa cour au roi de Rome en l'entretenant des magnificences glorieuses du Consulat et de l'Empire.

Le duc de Reichstadt composa lui-même son épitaphe...
que l'on n'a point gravée sur son tombeau ; elle était pourtant bien vraie et bien simple : « Ici gît Napoléon-François
« Bonaparte ; il naquit roi de Rome et mourut colonel
« autrichien. »

XXII

GUERRE DE RUSSIE

on Dieu! qu'il est triste de toujours parler de guerre, même quand la guerre est juste, même quand la guerre est glorieuse!

Qui donc s'avise encore de troubler la paix de l'Europe? Est-ce l'Autriche?

mais l'empereur François vient de donner une *fille chérie*
à l'empereur Napoléon ; est-ce la Prusse ? mais il n'y a
plus de monarchie prussienne ; est-ce l'Espagne ? mais la
Péninsule est occupée par l'armée française ; est-ce l'Angleterre ? mais la Grande-Bretagne est épuisée, haletante,
presque morte, dans ce lit de Procuste que lui a fait le
système continental ; est-ce la Russie ? mais Alexandre
a parlé *de l'amitié d'un grand homme comme d'un bienfait
des dieux ;* à Tilsitt et à Erfurth, il a salué la France, il
a maudit les Anglais, il a demandé grâce pour la royauté
de Berlin, il a serré dans ses bras notre Empereur, en ayant
l'air de lui dire : C'est à vous de gouverner le monde !

Eh bien ! mes enfants, en 1812, c'est notre allié, notre
ami, notre admirateur Alexandre, qui nous menace et nous
attaque avec neuf cent mille hommes ; oui, c'est l'empereur Alexandre qui renonce à la politique française, qui oublie ses serments, ou plutôt, qui se les rappelle à merveille
pour mieux se vanter de ne les avoir pas tenus ; c'est
Alexandre qui endosse la livrée anglaise, qui brise le radeau du Niémen, qui détourne les yeux en passant sur le
champ de bataille de Friedland, qui se souvient de la foi
punique et qui défie la France après l'avoir adorée !

La Russie allait avoir pour auxiliaires, dans cette lutte gigantesque avec l'empereur Napoléon, l'or des Anglais, la guerre d'Espagne, le froid, la faim, la misère, l'incendie, et un traître qui se nommait Bernadotte en France et Charles-Jean en Suède ; l'Empire avait encore, pour attaquer ou pour se défendre, le génie de son maître, l'amour de la gloire, l'enthousiasme de la Grande Armée, et le souvenir d'une immense victoire qui avait duré plus de quinze ans.

Le 26 mai 1812, Napoléon était à Dresde : l'empereur et l'impératrice d'Autriche, le roi de Prusse, tous les petits souverains de la confédération germanique, tombés çà et là de la main impériale, arrivèrent à la hâte dans la capitale de la Saxe pour consacrer, aux pieds de Napoléon, cet arrêt de mort qu'il avait prononcé contre ses ennemis : *La Russie est entraînée par la fatalité ; ses destins doivent s'accomplir !*

L'Angleterre venait de signer un traité avec la Turquie et la Suède ; en revanche, les Etats-Unis, qui étaient nos alliés. venaient de déclarer la guerre aux Anglais ; de tous ces peuples qui se regardaient, qui se menaçaient déjà les armes à la main, la France seule représentait le parti de l'honneur et de la gloire : l'Amérique ne songeait qu'aux intérêts de son commerce ; la Russie ne pensait qu'à l'asservissement de la Pologne ; l'Angleterre ne s'inquiétait que de la chute de Napoléon ; l'Empereur demandait aux efforts de son peuple et de son génie la conquête et la liberté de l'Europe.

Le 24 juin, l'armée française passe le Niémen, dont les eaux ont emporté depuis longtemps les éloges et les promesses d'Alexandre ; le 28 juin, Napoléon fait son entrée à Wilna : les tronçons épars de l'ancien royaume de Sobieski se réunissent comme par enchantement, et l'Empereur est salué, à Varsovie, par les cris de joie et de liberté de la Pologne, qui se croit indépendante.

Nous sommes chez les Russes, mes enfants : dans la guerre qui commence, dans cette horrible lutte de la barbarie contre la civilisation, contre la France, la Russie pourrait être représentée par cette image : un cosaque, debout sur un bloc de glace, une torche à la main ; ce cosaque aurait la figure de Kutusow ou de Rostopchin.

Il ne fait pas encore froid en Russie, mes enfants ; le ciel prend encore pitié de notre Empereur et de notre armée ; le soleil protége la France, et nous continuons à marcher, de victoire en victoire, jusqu'au seuil de la ville de Smolensk, dont les flammes vont éclairer le premier résultat d'une nouvelle tactique de guerre : l'incendie ! Ce que les Russes n'osent point défendre, ils le brûlent ; ils brûlent tout, mes enfants, les châteaux, les villages, les villes, et la torche incendiaire de la barbarie illuminera notre marche triomphale jusqu'à Moscou ; la Russie ne se défend pas : elle serait vaincue ; elle ne cherche pas à vivre en combattant : elle mourrait à nos pieds, sur les champs de bataille : la Russie commence à se venger par le suicide : là où il n'y a rien, le courage, le génie, la conquête et la gloire perdent leurs droits.

En attendant qu'il plaise à nos ennemis de nous regarder en face, dans une lutte éclatante et solennelle, permettez-moi de vous apprendre, avec les paroles du général Gourgaud, ce qu'était l'empereur Napoléon quand il voyageait glorieusement en Europe avec la Grande Armée :

« Habituellement il marchait à cheval, quand il était à la « suite et près de l'ennemi ; lorsque les opérations avaient « lieu à de fortes distances, il restait à son quartier-géné- « ral : là, il recevait les rapports qui lui étaient adres- « sés par les commandants des différents corps ; dans les « intervalles, il donnait ses soins à l'administration in-

« térieure de la France; il répondait aux rapports qui lui
« étaient envoyés de Paris par les ministres, qui avaient
« l'habitude de lui écrire tous les jours; il gouvernait ainsi
« l'Empire en même temps qu'il dirigeait l'armée. Économe
« de son temps, il calculait l'époque de son départ, de ma-
« nière à se trouver à la tête de ses corps au moment où sa
« présence y devenait nécessaire; il s'y transportait alors
« rapidement en voiture ; mais, pendant ce trajet même, il
« ne restait pas oisif : il s'occupait à lire ses dépêches, et,
« le plus souvent, il recevait les rapports de ses généraux et
« expédiait à l'instant ses réponses. Des estafettes apportant
« ses dépêches de Paris, renfermées dans un portefeuille à
« clef, lui étaient quelquefois remises en même temps. Une
« lumière, disposée dans le fond de sa voiture, l'éclairait
« pendant les voyages de nuit, et lui permettait de travailler
« comme s'il eût été dans son cabinet; le major-général
« voyageait ordinairement avec l'Empereur; aux portières,
« marchaient toujours ses aides-de-camp et ses officiers
« d'ordonnance; une brigade de ses chevaux de selle sui-
« vait avec l'escorte.

« Telle était l'organisation privilégiée de cet homme ex-
« traordinaire en tout, qu'il pouvait dormir une heure, être

« réveillé par un ordre à donner, se rendormir, être réveillé
« de nouveau, sans que son repos ni sa santé en souffris-
« sent. Six heures de sommeil lui suffisaient, soit qu'il les
« prît de suite, soit qu'il dormît à divers intervalles dans
« les vingt-quatre heures. Les jours qui précédaient une
« grande bataille, il était constamment à cheval, pour re-
« connaître la force et la position de l'ennemi, étudier son
« champ de bataille, parcourir les bivouacs de ses corps
« d'armée ; la nuit même, il visitait la ligne, pour s'assurer
« encore de la force de l'ennemi par le nombre de ses feux,
« et en quelques heures il fatiguait plusieurs chevaux. Le
« jour de la bataille, il se plaçait sur un point central, d'où
« il pouvait voir tout ce qui se passait. Il avait près de lui
« ses aides-de-camp et ses officiers d'ordonnance ; il les en-
« voyait porter ses ordres sur tous les points. A quelque
« distance, en arrière de lui, étaient quatre escadrons de la
« garde, un de chaque arme ; mais, lorsqu'il quittait cette
« position, il ne prenait pour escorte qu'un peloton. Il in-
« diquait ordinairement le lieu qu'il avait choisi à ses ma-
« réchaux, afin d'être facilement trouvé par les officiers
« qu'ils lui enverraient ; aussitôt que sa présence devenait
« nécessaire quelque part, il s'y portait au galop. »

Après avoir bivouaqué sur les ruines, sur les cendres de Smolensk, de Dorigobui et de Wiazma, l'armée française continua de poursuivre des ennemis qui ne voulaient pas se défendre ; Napoléon, qui était entré à Milan, à Vienne, à Berlin, à Madrid, par la grâce de la victoire, craignit un in-stant d'entrer à Moscou sans avoir couché sur un champ de bataille. Par bonheur ou par malheur, mes enfants, un gé-néral russe, qui avait le fanatisme de l'ignorance et du cou-rage, résolut d'attendre l'Empereur sur un plateau formi-dable, tout hérissé de redoutes et de canons ; Kutusow s'é-tait promis de fermer aux Français le chemin de Moscou, et il disait à ses soldats, qui étaient des esclaves, en leur mon-trant une image de la Vierge :

« Dieu va combattre son ennemi avec l'épée de saint
« Michel ; avant que le soleil de demain ait disparu, vous au-
« rez écrit votre foi et votre fidélité dans les champs de votre
« patrie avec le sang de vos agresseurs ; priez la sainte
« Vierge. »

Napoléon disait à ses soldats, qui étaient des hommes :

« Voici la bataille que vous avez tant désirée ; désormais
« la victoire dépend de vous : elle vous donnera de bons
« quartiers d'hiver et un prompt retour dans la patrie. Con-

« duisez-vous comme à Austerlitz, à Friedland, à Smo-
« lensk, et que la postérité la plus reculée cite avec orgueil
« votre conduite dans cette journée ; que l'on dise de cha-
« cun de vous : Il était à cette grande bataille sous les murs
« de Moscou. »

La veille de cette bataille mémorable, l'Empereur reçut
le portrait de son fils, que lui envoyait l'Impératrice. Le noble
enfant impérial était représenté dans son berceau : il jouait
avec un bilboquet, dont le bâton ressemblait à un sceptre et
dont la boule figurait le globe du monde. Ce tableau fut
exposé, tout un jour, sur un des pliants de la tente impériale ; officiers et soldats vinrent saluer l'image de Napoléon II, et l'Empereur s'écriait, en contemplant les traits
bien-aimés de son fils :

— Messieurs, s'il avait quinze ans, il serait avec moi, au
milieu de tant de braves, autrement qu'en peinture. Soldats ! je veux que vous apportiez demain, autour de cette
image que j'aime, les trophées d'une grande victoire !

Le lendemain, 7 septembre 1812, le soleil d'Austerlitz
éclaira une fois encore le triomphe de l'armée française
dans la bataille de la *Moskowa*, qui allait donner le titre de
prince au maréchal Ney. La crédulité, l'audace, le fanatisme

de Kutusow, coûtèrent à la Russie trente mille soldats et quarante généraux ; le dévouement sauvage de Rostopchin devait coûter, un peu plus tard, à l'empereur Alexandre la plus riche cité de son royaume.

Enfin, voilà Moscou, mes enfants! C'est une grande ville, une ville brillante, une ville admirable ; on l'a bâtie, on l'a jetée sur sept collines ; elle a seize cents églises, dont les clochers dorés viennent de s'illuminer au soleil, comme pour rendre hommage aux vainqueurs ; elle a des merveilles, des richesses, des trésors de toutes les sortes ; elle aura peut-être pour nous le repos et l'abondance de la Campanie, sans que nous ayons à craindre les faiblesses honteuses de Capoue. Entrons dans Moscou, mes enfants, au bruit des acclamations de l'armée ; saluons le Kremlin au bruit des canons et des fanfares militaires ; plaçons notre Empereur sur le trône de Pierre le Grand, au bruit de toutes les cloches de la ville sainte !

Où est donc Moscou, mes enfants? je ne vois que des maisons, des palais et des églises ; où est donc Moscou? je ne rencontre dans les rues que des blessés, des cosaques et des déserteurs ; encore une fois, mes enfants, où est donc Moscou? où sont le bruit, le travail, le luxe, l'éclat, l'opulence, tout ce qui faisait naguère la vie magnifique de Moscou? Allez le demander à un barbare sublime qui se nomme Rostopchin, et qui n'a laissé dans la grande cité que des malades, des pauvres et des incendiaires.

Le 14 septembre, à neuf heures du soir, le vent du nord emporta par toute la ville des millions d'étincelles, des matières enflammées qu'il avait ramassées en passant sur un épouvantable incendie : le Bazar et la Bourse de Moscou étaient en feu ; dès ce moment, les flammes de la politique russe firent merveille : elles détruisirent, du soir au lendemain, quatre mille maisons en pierre, huit mille maisons en bois et douze cents églises ; la main invisible de Rostopchin n'avait rien épargné pour l'exécution de cet arrêt de mort prononcé contre Moscou : elle sema dans tous les faubourgs, dans toutes les rues, dans tous les coins de la ville, des torches, des mèches, des fusées, des matières fulminantes, empruntées secrètement à l'industrie d'un artificier anglais ; la poudre de ces pièces, qui devaient servir à un horrible artifice, avait été fournie par le cabinet de Londres, par le ministère Castlereagh.

Près de quitter le Kremlin, près de traverser l'océan de feu qui dévorait Moscou, pour se retirer au château de Petrowsky, l'Empereur se vengea de Rostopchin et d'Alexandre en protégeant, avec tout le zèle du dévouement le plus rare, vingt mille Russes qui souffraient, qui gémissaient, qui demandaient grâce dans les hospices et dans les hôpitaux; les malades, les blessés et les orphelins de Moscou trouvèrent des amis, des gardiens, des sauveurs dans les ennemis de la Russie.

La retraite de l'armée française commença le 15 octobre, retraite glorieuse qui fut une longue suite de combats et de victoires jusqu'à Smolensk; le 7 novembre, le thermomètre descendit à vingt degrés au-dessous de zéro : la retraite des Français devint un désastre. Les chevaux et les hommes se laissaient tomber à chaque pas, presque morts de fatigue, de faim, de froid et de soif; l'armée n'avait plus ni généraux ni soldats : elle n'était composée que de malheureux qui mouraient en regrettant la patrie. Napoléon ressemblait encore à un véritable Empereur : il était triste, mais calme, plein de douleur et de résignation; sa figure se dessinait d'une façon admirable dans cet affreux tableau de nos misères : l'Empereur était encore bien grand, mes enfants!

La retraite continuait toujours; les conquérants de l'Eu-

Passage de la Bérésina.

rope n'étaient plus qu'un misérable débris, rien qu'un souvenir vivant de la Grande Armée de l'Empire ; mais Napoléon continuait aussi de marcher avec le génie de la guerre, et le courage surhumain de quelques milliers de braves, qui se traînaient à grand'peine, immortalisa, le 26 et le 27 novembre, le fameux passage de *la Bérésina*. Dieu soit loué ! mes enfants ; Dieu a sauvé ce qui reste encore de l'armée française ; quelques soldats reverront la France : que le ciel les conduise !

Pardonnez-moi, mes enfants... je n'ai plus assez de force pour vous parler de la faiblesse du prince Murat, de l'héroïsme du maréchal Ney, de la conduite équivoque de Schwarzemberg, de la trahison du général Yorck, du dévouement infatigable du prince Eugène ; ô mes enfants ! je souffre, j'ai mal dans le corps de ces pauvres soldats qui meurent dans les neiges de la Russie : j'ai faim, j'ai soif, j'ai froid !

Napoléon n'était pas un simple général : il était Empereur ; il ne dirigeait pas seulement une expédition en déroute : il gouvernait un vaste royaume ; il disait à ses officiers : *Je pèserai bien plus sur mon trône des Tuileries qu'à la tête de mon armée ; je vais à Paris.* L'Empereur avait raison ; aussi bien, mes enfants, il venait d'apprendre, à Smolensk, la singulière et audacieuse tentative du général Malet, qui s'était avisé, durant l'absence de l'Empereur, d'attaquer le gouvernement impérial.

Napoléon arriva en France presque en même temps que le 29e bulletin de la Grande Armée : le 29e bulletin était une lettre mortuaire qui disait à la nation de prendre le deuil de ses plus braves enfants, morts en Russie !

XXIII

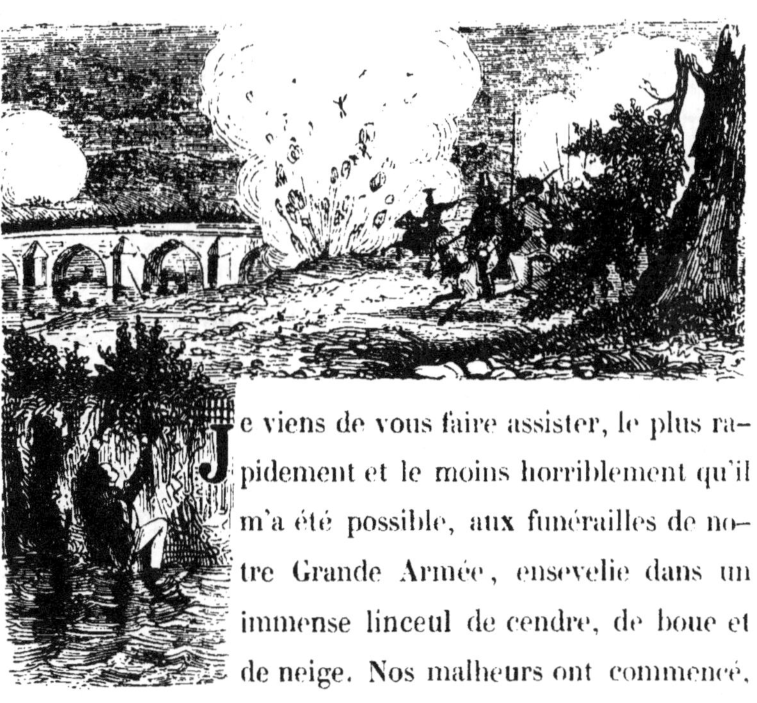

e viens de vous faire assister, le plus rapidement et le moins horriblement qu'il
m'a été possible, aux funérailles de notre Grande Armée, ensevelie dans un
immense linceul de cendre, de boue et
de neige. Nos malheurs ont commencé,

mes enfants ; notre infortune sera grande comme notre gloire : jugez !

Dans ce temps-là, Dieu, qui avait si bien protégé la France ; Dieu, qui avait laissé tomber sur le front de notre Empereur la plus éblouissante de ses étoiles ; Dieu, mes enfants, allait oublier peut-être, un seul jour, une minute, le grand homme et la grande nation.

Vaincu, non pas par les Russes, mais par la Russie, Napoléon, plus actif, plus entreprenant, plus audacieux que dans ses jours de bonheur et de victoire, n'eut besoin que de frapper du pied la terre de France, pour en faire sortir encore six cent mille soldats et dix mille gardes d'honneur.

Au moment de se précipiter de nouveau sur les champs de bataille de l'Allemagne, à la tête d'une armée magnifique, toute remplie de jeunesse, d'ambition et d'enthousiasme, l'Empereur ne pouvait se défendre de je ne sais quelle inquiétude secrète, que lui inspiraient la conduite équivoque de l'Autriche et la défection honteuse du roi de Suède. La rentrée victorieuse de son frère Joseph à Madrid, les succès du maréchal Suchet dans le royaume de Valence, les échecs essuyés par le duc de Wellington en Portugal, ne faisaient oublier à l'Empereur ni les dispositions chancelantes du cabinet de Vienne, ni l'incroyable trahison de Bernadotte. Qu'il vous en souvienne bien, mes enfants : Bernadotte fut trois fois parjure : il trahit son serment, son bienfaiteur et son pays; ayons le courage de le plaindre : il a vécu longtemps, il vit encore... que son ingratitude et sa honte lui soient légères !

Mes enfants, mes enfants, entendez-vous le canon qui gronde sur les bords de l'Elbe ? L'armée française est attaquée, l'armée française va être vaincue, l'armée française va être écrasée par des masses formidables... Mais tout à coup, à travers le bruit du canon, les cris de Vive l'Empereur ! se font entendre; oui, c'est bien lui, mes enfants; le voilà, le voilà... Vive l'Empereur !

L'Empereur jette un regard, il dit un mot, il fait un signe, et toutes les divisions de son armée se groupent sous la main puissante qui va les diriger à son gré : il leur souffle, sans doute, un rayon de cette flamme divine qui le brûle, et qui est l'inspiration de son âme et de son génie. Il les provoque, il les encourage, il les précède, il les guide, il les entraîne, et il bat les ennemis à Weisenfelds, il les bat à Poserna, il les bat à Lutzen, et il arrive à Dresde en six jours, en continuant de chasser devant lui, tambour battant, des hordes épouvantées de Prussiens et de Russes!

A Dresde, l'on ne se bat plus, et il faut encore se battre : l'Empereur quitte Dresde; il rejoint les ennemis à Bautzen, il les attaque! il les culbute, il les écrase, et il enrichit le panthéon militaire de l'Empire d'une de ses magnificences les plus héroïques. L'Empereur marche encore... c'est une victoire vivante qui ne s'arrête jamais; il attaque de nouveau les Prussiens, il les harcelle, il les fatigue, il les démoralise, il veut les obliger à repasser l'Oder et la Vistule, et le génie de la guerre peut nous ouvrir une fois encore les portes de Berlin.

J'ai oublié de vous parler, mes enfants, de la mort du grand-maréchal Duroc, tué à la bataille de Bautzen; tous les amis qui aiment véritablement l'Empereur tombent un à un, pour ne plus se relever dans leur gloire de ce monde : Dieu ne daigne laisser à Napoléon que les amis qui ne l'aiment pas.

— Sire, murmurait le duc de Frioul en expirant aux pieds de son maître, toute ma vie a été consacrée à votre service; je ne la regrette que pour l'utilité dont elle aurait pu vous être encore.

— Duroc, répondit Napoléon, il est une autre vie : c'est là que tu iras m'attendre ; nous nous reverrons un jour !

— Oui, sire ; mais ce sera dans trente ans, je l'espère, lorsque vous aurez triomphé de vos ennemis et réalisé toutes les espérances de la patrie ! J'ai vécu en honnête homme, je ne me reproche rien ; je laisse une fille : servez-lui de père, sire. Au revoir !

L'Autriche, qui hésitait, depuis le commencement de la campagne, entre l'Empereur et ses ennemis, ne tarda point à prendre le parti qui convenait à son ingratitude, à sa faiblesse, à sa lâcheté : elle osa proposer à Napoléon une paix générale dont la seule pensée était une honte pour la France.

Dès ce moment, l'Autriche se ligua contre nous avec la Prusse et la Russie ; huit cent mille hommes s'opposèrent, du soir au lendemain, à la marche triomphale de l'armée française, qui était déjà bien lasse, mes enfants, de courir, de combattre et de vaincre. Dresde était le centre de nos opérations militaires : les Russes et les Autrichiens essayèrent de s'emparer de la ville de Dresde ; mais l'Empereur passa sur le ventre de Blücher, dans les plaines de la Silésie ; il fit quarante lieues en trois jours, à la tête de soixante mille soldats fatigués, épuisés ; il attaqua l'armée de la coalition, il lui tua trente mille hommes, et la ville de Dresde fut sauvée !

Si vous y regardez bien, mes enfants, vous apercevrez encore un traître à demi caché sous les murs de cette place : il se nommait Moreau ; il avait quitté les États-Unis d'Amérique, pour venir combattre la France et son Empereur ; que Dieu soit loué ! le premier boulet de l'artillerie française emporta les deux jambes du général Moreau, et pour lui du moins, justice fut faite ! — Hélas ! mes enfants, la trahison conduira le deuil de l'Empire ; les déserteurs, les ingrats et les lâches ne vont plus nous quitter jusqu'à la fin de cette histoire.

Que vous dirai-je maintenant qui ne soit horrible à entendre, et plus horrible encore à raconter ? Malgré la brillante victoire de Dresde, l'armée française est à peu près perdue : les ennemis nous enveloppent chaque jour, en nous laissant à peine l'honneur de nous battre ; Vandamme, Macdonald, Ney, Oudinot, ont été vaincus en Bohême, en Prusse et en Silésie, par Blücher et par Bernadotte... oui, par le maréchal Bernadotte ; la Bavière, Bade et le Wurtemberg nous abandonnent ; tous les peuples de l'Allemagne se soulèvent contre la France, et le sort de l'Empire va se décider sur le champ de bataille de Leipsick.

La bataille de Leipsick ne fut pas une victoire pour Napoléon, mais elle fut une défaite pour nos ennemis, qui perdirent soixante mille hommes. Par malheur, mes enfants, la victoire du lendemain était impossible pour l'armée française : elle avait tiré, en cinq jours, deux cent cinquante mille coups de canon; il lui restait dix mille cartouches, ce qu'il lui fallait pour une retraite honorable ou pour une bataille de deux heures : elle se retira sur Erfurth et sur Magdebourg ; elle traversa à la nage la Pleiss et l'Elster, en y laissant des milliers de braves dont le plus brave était le prince Poniatowski ; blessé trois fois, Poniatowski avait jeté ce cri sublime : *Dieu m'a confié l'honneur des Polonais, je ne le remettrai qu'à Dieu !* L'armée trouva le moyen de combattre encore ; elle mit en déroute le général de Wrède, et enfin, le 2 novembre 1813, elle toucha la terre de France.

Et pour que rien ne manque à notre éclatante infortune, Murat, le roi de Naples, le beau-frère de l'Empereur, déserte la cause impériale; l'Angleterre enfante de nouvelles armées en Espagne, et la bataille de Vittoria nous force d'évacuer la Péninsule.

C'en est donc fait, mes enfants : il ne s'agit plus d'attaquer l'Europe, il s'agit de se défendre contre elle ; il ne s'agit plus de conquérir l'Italie, la Prusse, la Russie ou l'Autriche : il s'agit de protéger la France ; le Consul d'autrefois n'est plus qu'un citoyen ; l'Empereur d'hier n'est plus qu'un soldat ; il ne s'agit plus de conserver l'empire du monde : il s'agit de sauver la patrie !

XXIV

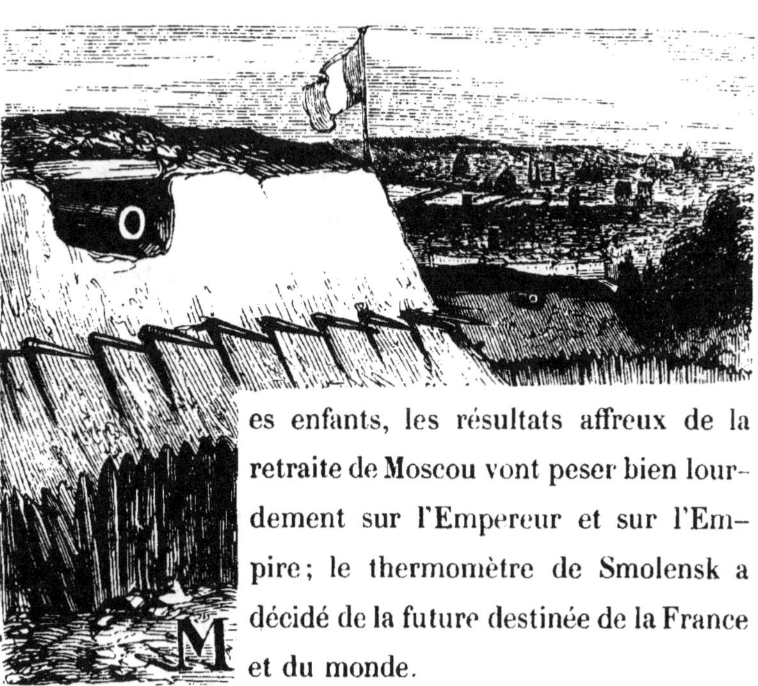

es enfants, les résultats affreux de la retraite de Moscou vont peser bien lourdement sur l'Empereur et sur l'Empire ; le thermomètre de Smolensk a décidé de la future destinée de la France et du monde.

« Le succès de l'expédition de Russie, a dit un savant et impartial historien, aurait placé sur la tête d'un homme les deux couronnes d'Occident et d'Orient : la face du monde civilisé aurait changé; l'atmosphère de Paris serait devenue le climat nécessaire de toutes les suprématies du globe, dans la religion, dans les arts, dans la politique et dans la guerre; Paris aurait pris le titre de *Ville éternelle*, et Napoléon, celui de **Grand Roi**. Quelques degrés d'un froid prématuré renversèrent le plus audacieux édifice que jamais le génie de l'homme ait osé concevoir; l'hiver seul empêcha l'invasion de ce 18 brumaire universel. »

Mes enfants, le mois de décembre 1813 est une des périodes les plus affreuses de notre histoire contemporaine, de notre histoire nationale. Deux cent mille Autrichiens ont violé la neutralité de la Suisse; l'armée de Silésie envahit la Lorraine, sous les ordres du maréchal Blücher; Bernadotte menace la France par la Belgique, avec des Suédois, des Russes, des Prussiens et des Anglais : Bernadotte n'est pas digne de commander une armée; il ne conduit que des hommes. A la fin du mois de décembre, six cent mille coalisés s'avancent jusqu'à Bar-sur-Aube et Châlon-sur-Saône; c'est en un pareil moment que le roi de Naples, Joachim

Murat, promet à la coalition européenne trente mille Napolitains pour l'aider à conquérir la France !

Toujours calme, toujours actif, toujours énergique, toujours admirable, l'Empereur en appela, de sa voix héroïque, à ses amis, à ses conseillers, à ses compagnons de gloire, au Sénat, à l'armée, au Corps Législatif et au peuple. Les sénateurs furent dignes et nobles ; ils répondirent à Napoléon :

« Rallions-nous autour de ce diadème où l'éclat de cin-
« quante victoires brille au travers d'un nuage ; la fortune
« ne manque jamais aux nations qui ne se manquent pas à
« elles-mêmes. »

Les amis, les conseillers habituels, les compagnons de l'Empereur étaient riches, opulents, millionnaires : ils furent presque sourds à la voix de leur bienfaiteur et de leur maître.

L'armée répondit, selon sa glorieuse coutume, en criant Vive l'Empereur !

Le peuple, que l'Empire avait déjà saigné aux quatre veines, se hâta de se laisser encore saigner, pour lui donner trois cent mille soldats et deux cent mille gardes nationaux.

Le Corps Législatif s'avisa de faire de l'opposition libé-
rale, à la manière des rhéteurs et des avocats; le Corps
Législatif parlait au lieu d'agir ; il demandait la liberté pour
le peuple, au lieu de lui souhaiter l'indépendance ; les ennemis étaient à nos portes, et le Corps Législatif continuait
à babiller de plus belle !... il ressemblait à ce pédant de la
fable qui débite un discours de morale en trois points à un
pauvre enfant qui se noie.

Napoléon daigna répondre aux orateurs qui faisaient de
la liberté politique au lieu de faire de l'indépendance nationale :

« Si je voulais vous croire, je céderais à l'ennemi plus
« qu'il ne demande : si l'on me demandait la Champagne,
« il faudrait donc céder encore la Brie? — Votre but était
« de m'humilier : on peut me tuer, mais on ne me dés-
« honorera pas. Je ne suis point né parmi les rois, je ne
« tiens pas au trône; qu'est-ce qu'un trône? quatre mor-
« ceaux de bois doré, couvert de velours. — Qui êtes-vous,
« pour vouloir réformer l'État? vous n'êtes pas les repré-
« sentants de la nation; moi seul, je suis le représentant
« du peuple! — Oui, je suis fier, parce que je suis cou-
« rageux; je suis fier, parce que j'ai fait de grandes choses

Napoléon à Arcis-sur-Aube.

« pour la France; retournez dans vos foyers : moi, je vais
« attendre les ennemis dans les plaines de la Cham-
« pagne. »

Mes enfants, en 1813, en 1814, en 1815, la bassesse des
grands a quelque chose de surhumain à force d'impudeur,
de vanité et d'insolence; le courage des petits a quelque
chose de fabuleux à force d'être dévoué, à force d'être glorieux, à force d'être sublime.

L'armée française va combattre, non pas dans l'intérêt
d'une conquête, non pas dans l'intérêt de l'ambition d'un
homme, mais pour le salut de la patrie, entre le tombeau
de ses pères et le berceau de ses enfants. Napoléon quitte
Paris et transporte son quartier-général à Châlons-sur-
Marne : le 27 janvier 1814, il repousse Blücher à Saint-Di-
zier; le 29, il bat les Prussiens à Brienne, et il immortalise
pour la seconde fois, par cette victoire, le nom de l'école
militaire où fut élevé Bonaparte; le 10 février, l'Empereur
attaque de nouveau Blücher et le met en déroute à Cham-
paubert; le lendemain, il bat encore les ennemis à Montmirail; il les disperse à Château-Thierry, et il continue de les
battre à Vauxchamps, à Montereau, à Nangis et à Villeneuve.

De pareils succès, mes enfants, donnaient peut-être à l'Empereur le droit d'écrire la lettre suivante au duc de Vicence :

« La Providence a béni nos armes : j'ai fait trente à qua-
« rante mille prisonniers; j'ai pris deux cents pièces de ca-
« non, un grand nombre de généraux, et détruit plusieurs
« armées; j'ai entamé hier l'armée de Schwarzemberg, que
« j'espère détruire avant qu'elle ait repassé nos frontières.
« Vous devez tout faire pour la paix; mais je ne désire
« qu'une paix solide et honorable. »

Napoléon disait aussi, après la bataille de Nangis :

« Je suis plus près de Vienne que mon beau-père ne l'est
« de Paris. »

L'Empereur se trompait, mes enfants : le 30 mars, à dix heures du soir, à cinq lieues de la grande ville qu'il allait défendre, l'Empereur apprit d'étranges et déplorables nou-velles : Paris venait de capituler; quelques milliers de gar-des nationaux et des élèves de l'École Polytechnique avaient été écrasés par les ennemis; les Parisiens avaient été trahis; l'Impératrice et le roi de Rome étaient partis pour Blois; tout était perdu pour Napoléon, *fors l'honneur!*

Le 31 mars 1814, les alliés firent leur entrée dans Paris;

quelques misérables, payés par l'Angleterre, se mirent à distribuer des morceaux de ruban blanc ; ils persuadèrent à une poignée de bourgeois, trop niais ou trop crédules, que la royauté des Bourbons était seule possible sur le trône de France; que Louis XVIII allait reparaître dans sa bonne ville avec la liberté, avec l'égalité, avec des pardons, avec des amnisties, avec des indemnités, avec des bienfaits et des trésors de toutes les sortes. M. de Talleyrand et d'autres avocats politiques plaidèrent, au tribunal de la Sainte-Alliance, la cause du trône légitime et de l'autel; à les entendre, la France tout entière était royaliste, et la Sainte-Alliance consentit à nous donner un roi.

Napoléon, qui préférait une guerre incertaine à une paix humiliante, avait supplié ses amis, ses créatures, ses maréchaux, de défendre avec lui l'indépendance nationale, à la tête de cent mille soldats : je vous ai déjà dit, mes enfants, que l'Empereur n'avait plus ni créatures, ni maréchaux, ni amis : il n'avait autour de lui que des adversaires qui portaient l'uniforme de l'armée française.

Napoléon leur proposa de marcher vers les Alpes et d'aller combattre encore dans cette belle Italie qu'il avait conquise deux fois. Les lieutenants de l'Empire n'étaient plus

que des hommes : ils ne comprirent rien au langage inspiré
d'un demi-dieu.

— Vous voulez du repos? leur dit vivement Napoléon;
allez, messieurs, et reposez-vous sur vos lauriers, que vous
avez flétris. Hélas! vous ne savez pas quels chagrins et
quels regrets vous attendent sur vos lits de duvet! quelques années de cette paix, que vous allez payer si cher,
en moissonneront un plus grand nombre d'entre vous que
n'aurait fait la guerre, la guerre la plus désespérée.

Il ne restait à l'Empereur que le triste droit de déposer
sa double couronne : il signa, dans le palais de Fontainebleau, une abdication rédigée en ces termes :

« Les puissances alliées ayant proclamé que l'empereur
« Napoléon était le seul obstacle au rétablissement de la
« paix en Europe, l'empereur Napoléon, fidèle à son ser-
« ment, déclare qu'il renonce, pour lui et ses héritiers, aux
« couronnes de France et d'Italie, et qu'il n'est aucun sa-
« crifice personnel, même celui de la vie, qu'il ne soit prêt
« à faire à l'intérêt de la France.

« NAPOLÉON. »

Vaincu, trahi, abandonné, seul dans le monde qu'il avait rempli de sa gloire, Napoléon résolut de mourir, mes enfants... et il tenta de se tuer, de s'empoisonner! mais le doigt de Dieu, qui avait pointé sur le traître Moreau un boulet de l'artillerie française, le doigt de Dieu amortit le poison qui circulait déjà dans les veines de l'auguste victime...

— La mort ne veut pas de moi! s'écria l'Empereur; il faut que je vive!

Près de partir de Fontainebleau pour se rendre à l'île d'Elbe, dont il allait être le souverain par la grâce humiliante du traité de Paris, Napoléon voulut payer à cette résidence de François Ier, et d'une façon tout à fait impériale, l'hospitalité qu'elle avait offerte aux derniers jours, aux dernières heures de sa puissance. L'Empereur avait doté notre musée national des chefs-d'œuvre de toutes les écoles : il enrichit le château du roi-chevalier d'un souvenir magnifique, d'une page admirable, du tableau d'histoire le plus simple, le plus touchant et le plus sublime : il lui légua les *Adieux de Fontainebleau!*

C'était le 20 avril 1814 : à midi, la garde impériale prit les armes dans la cour du château ; lorsque l'Empereur,

pâle, abattu, presque brisé par la douleur, parut sur le
grand escalier, il y eut des larmes dans tous les yeux, et des
plaintes, des cris étouffés, des sanglots s'échappèrent de
toutes les bouches; l'Empereur dut appeler à son aide toute
sa force, tout son courage, pour adresser un solennel adieu
à ses compagnons de gloire et d'infortune, à ces vieux soldats de Marengo, d'Austerlitz, d'Iéna, de Moscou, de Madrid et de Bautzen.

« Depuis vingt ans que nous sommes ensemble, leur dit-
« il d'une voix déchirée par l'émotion, depuis vingt ans je
« suis content de vous; je vous ai toujours trouvés sur le
« chemin de la gloire. Toutes les puissances de l'Europe
« se sont armées contre moi ; quelques-uns de mes géné-
« raux ont trahi leur devoir; avec vous et les braves qui
« me sont restés fidèles, j'aurais pu entretenir la guerre ci-
« vile... mais la France eût été malheureuse. Ne plaignez pas
« mon sort : je serai heureux lorsque je saurai que vous
« l'êtes vous-mêmes. J'aurais pu mourir, mais je veux sui-
« vre encore le chemin de l'honneur : j'écrirai les grandes
« choses que nous avons faites. Je ne puis vous embrasser
« tous, mais j'embrasse votre général : venez, général Pe-
« tit... que je vous presse sur mon cœur! Que l'on m'ap-

« porte l'aigle… que je l'embrasse aussi !… Ah ! chère aigle,
« puisse le baiser que je te donne retentir dans la posté-
« rité ! Adieu, mes enfants ; mes vœux vous accompagne-
« ront toujours… gardez mon souvenir ! »

Le même jour, le 20 avril 1814, Louis XVIII faisait son entrée solennelle à Londres, en qualité de roi de France : regardez bien ces deux monarques, mes enfants : celui d'hier et celui d'aujourd'hui, celui qui monte sur le trône et celui qui en descend ; l'un dit adieu à la France en la pleurant, l'autre salue la France en remerciant les Anglais !

Le 5 mai 1814, Napoléon débarque à Porto-Ferrajo, dans l'île d'Elbe ; après le départ de l'Empereur, on n'entend plus en France que le bruit des armes ennemies, les acclamations des traîtres, les vociférations injurieuses des royalistes, les cris sauvages des cosaques et les soupirs du peuple !…

> Au bruit de lugubres fanfares,
> Hélas ! vos yeux se sont ouverts ;
> C'était le clairon des Barbares
> Qui vous annonçait nos revers.
>   Dans le fracas des armes,
>   Sous nos toits en débris,

Vous mêliez à nos larmes
Votre premier souris.

Chers enfants, dansez, dansez !
Votre âge
Échappe à l'orage ;
Par l'espoir gaiment bercés,
Dansez, chantez, dansez !

XXV

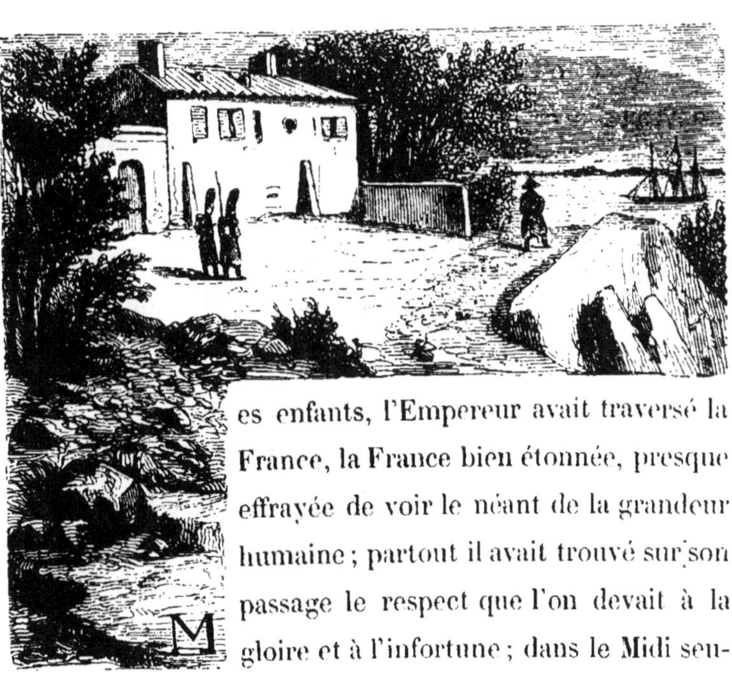

es enfants, l'Empereur avait traversé la
France, la France bien étonnée, presque
effrayée de voir le néant de la grandeur
humaine ; partout il avait trouvé sur son
passage le respect que l'on devait à la
gloire et à l'infortune ; dans le Midi seu-

lement, il s'était rencontré quelques misérables, des fanatiques assez lâches pour insulter à la faiblesse du lion expirant ; et même, s'il faut en croire les récits de cette époque, je ne sais plus quels champions du trône légitime comprirent l'immortalité à la façon d'Érostrate : ils songèrent à devenir immortels en s'attaquant, un poignard à la main, à la personne presque divine de Napoléon !

L'île d'Elbe fut bien heureuse et bien embarrassée, mes enfants, de la soudaine présence d'un empereur ; les autorités de Porto-Ferrajo vinrent offrir les clefs de la ville à ce nouveau souverain, qui avait pris la route de la monarchie universelle pour arriver, après vingt ans de fatigue et de gloire, dans un royaume de vingt-cinq lieues. Ces pauvres gens étaient tout fiers et tout confus de recevoir, de garder le glorieux trésor qu'ils devaient à l'aveugle munificence de l'Europe monarchique.

Celui qui avait voulu gouverner le monde trouva le moyen d'être grand dans ce petit coin de terre qu'il allait illustrer deux fois : en y tombant du haut de son trône et en s'y relevant de sa chute.

Le nouveau souverain de l'île d'Elbe daigna porter sa couronne lilliputienne le plus sérieusement qu'il lui fut possible. Il n'avait plus un Conseil d'État, pour lui dicter le Code Napoléon; il n'avait plus cent millions dans les caves des Tuileries, pour les consacrer aux embellissements de Paris; il n'avait plus besoin de faire construire des ponts, des quais, des bassins, des édifices magnifiques; il ne pouvait plus songer à élever la colonne Vendôme, le temple de la Gloire, l'arc de triomphe de l'Étoile et celui du Carrousel; il n'avait plus le droit de s'inquiéter de l'achèvement du Louvre, du percement d'une rue *impériale* qui devait être la plus belle rue de l'univers; il n'avait plus assez de pouvoir pour fonder des écoles et des manufactures, pour protéger les lettres, les sciences et les arts, pour encourager le commerce, l'agriculture et l'industrie; en un mot, il n'était plus empereur, pour ajouter quelques merveilles aux magnificences de la gloire impériale; mais il était encore le maître d'un petit royaume, et il s'efforça de faire quelque chose de grand, de bon, d'utile pour les dix-huit mille sujets qui peuplaient son nouvel empire.

Napoléon, qui avait tracé des chemins praticables à travers le mont Cenis, se résigna tout simplement à dessiner des routes faciles à travers l'île d'Elbe; il fit construire des quais, des citernes, des édifices; il planta des jardins et des promenades ; il donna à Porto-Ferrajo un théâtre et une caserne ; il encouragea le travail des mines, dont il doubla la production ; il sema le peu d'argent qu'il avait dans son pauvre royaume, en regrettant sans doute de ne pouvoir pas y répandre l'océan du budget de l'Empire.

L'Empereur avait amené à l'île d'Elbe un entourage officiel qui représentait une cour impériale, et quelques soldats de la vieille garde qui représentaient une armée française. La coalition de l'Europe lui permettait de jouer à la royauté, sans prendre garde à quel joueur elle avait affaire ni à quel jeu elle se risquait encore contre l'ambition, contre la gloire et contre le génie.

L'humble mais délicieuse villa Saint-Martin figurait, dans le petit royaume de Napoléon, le château de Saint-Cloud ou le palais de Fontainebleau ; souvent, au seuil de cette jolie résidence, assis sur un banc de pierre qu'il appelait son canapé, l'Empereur disait à ses compagnons, les yeux tournés vers la France :

— Amis, êtes-vous plus heureux que moi?... ne voyez-vous rien venir?...

— Hélas! sire, lui répondaient ses amis, nous ne voyons que les côtes d'Italie que le soleil illumine, des aigles qui passent dans l'air sans vous reconnaître, et des vaisseaux anglais qui gardent contre vous le chemin de la mer.

Un jour, pourtant, Napoléon vit arriver à l'île d'Elbe madame Lætitia, sa mère, et Pauline Borghèse, sa sœur; il vit arriver aussi des serviteurs empressés, qui venaient lui dire et lui prouver qu'ils étaient fidèles; il vit accourir dans sa prison de dix-huit lieues, qui était à peine assez grande pour le renfermer, des admirateurs, des partisans, des amis d'autrefois qui venaient l'admirer encore, l'aimer, le servir et lui parler de la France; ils lui disaient à l'envi :

— Sire, le démembrement des provinces qui appartenaient à l'Empire a jeté des milliers de familles dans tous les embarras, dans toutes les humiliations de la misère.

— Sire, Louis XVIII a plus d'esprit que de sagesse, et plus de courtisans que d'amis.

— Sire, la nouvelle cour des Tuileries parle beaucoup mieux l'anglais que le français; elle ne sait pas se faire comprendre du peuple.

— Sire, notre gloire militaire est répudiée, flétrie, vilipendée... votre ancienne armée vous appelle.

— Sire, votre glorieuse chute a déplacé bien des intérêts,

brisé bien des espérances, anéanti bien des avenirs populaires!.. le peuple vous attend.

— Sire, les confidences échappées du congrès de Vienne sont peu rassurantes : l'on dit qu'il n'y a pas loin de l'île d'Elbe à l'île Sainte-Hélène!...

L'Empereur n'hésita plus, mes enfants : il acheta des munitions de guerre à Naples, des armes à Alger et des bâtiments à Gênes. Après avoir tant fait pour les réalités de l'histoire, il voulut faire quelque chose pour les fictions du roman et de la poésie ; il rêva d'une conquête fabuleuse... il résolut de conquérir la France !

Le 26 février 1815, tandis que madame Lætitia et la princesse Borghèse présidaient, par son ordre, aux fêtes brillantes d'un bal masqué, Napoléon s'embarqua sur le brick *l'Inconstant*, avec quatre cents grenadiers, et il s'écria comme César : « Le sort en est jeté ! » — Une heure plus tard, il disait à ses soldats, bien impatients et bien inquiets : « Grenadiers, nous allons en France, nous allons à Paris ! — Vive l'Empereur ! » répondit la vieille garde, comme au beau temps d'Austerlitz, d'Iéna et de Friedland.

Le lendemain, à cinq heures du soir, l'on aperçut un bâtiment armé, *le Zéphyr*, qui venait vent arrière sur la flottille impériale. Napoléon fit descendre sa garde sous le pont, et lorsque les deux bricks, *l'Inconstant* et *le Zéphyr*, eurent échangé les saluts d'usage, le dialogue suivant s'établit entre deux hommes dont l'un était un simple capitaine, et l'autre un grand empereur :

— D'où venez-vous?

— De l'ile d'Elbe.

— Comment se porte Napoléon?

— Il se porte bien.

— Que fait-il?

— Il travaille, il écrit...

— Que peut-il écrire?

— L'histoire de son règne.

— Son règne est-il donc fini?

— Qu'en pensez-vous?

— Dieu seul est grand... Vive la France!

— Vive la France!

Laissons voguer, mes enfants, ce petit brick de vingt canons, ce bateau de César, qui ne tardera point à mouiller dans le golfe Juan, et regardons un peu ce qui se passe dans le congrès de Vienne, qui compte sans l'Empereur pour décider du sort de la France et de l'Europe.

Le congrès de Vienne, c'est une conspiration des rois contre les peuples, et surtout contre le peuple-empereur qui a vaincu les vieilles nations et les vieilles royautés; le congrès de Vienne, c'est un immense abattoir où l'on assomme à huis clos les principes et les hommes; le congrès de Vienne, c'est une sorte d'assurance mutuelle entre toutes les couronnes, contre la foudre révolutionnaire qui les a ébranlées, qui les a ébréchées si souvent : les rois, les princes, les nobles, les diplomates, toutes les aristocraties légitimes se pressent dans la ville de Vienne, pour célébrer en famille le triomphe de la légitimité et la défaite de la Révolution. La ville impériale ressemble à un vaste théâtre où les grands de ce monde viennent prendre leur part des bals, des fêtes et des plaisirs d'un carnaval monarchique : l'on y danse pour le roi de Prusse, l'on y boit en l'honneur de la Russie, l'on y mange dans l'intérêt de l'Autriche; c'est un quadrille royal qui saute toujours, et dont les peuples doivent payer les violons; c'est un festin qui ne finit jamais, et dont la France doit payer la carte.

Le bruit lointain des premiers pas de l'Empereur sur la terre de France épouvanta les saturnales monarchiques du congrès de Vienne; le nom seul du prisonnier de l'île d'Elbe fit trembler tous ces princes, tous ces ministres, tous ces diplomates qui insultaient, la veille encore, à la gloire, au courage et au génie malheureux. A la nouvelle de cette incroyable entreprise, qui est le roman héroïque de l'Empire, les masques du carnaval de Vienne se dispersèrent à l'envi, en laissant sur le théâtre de la diplomatie européenne les costumes, les rôles, les accessoires d'une pièce anti-française dont ils n'avaient pas eu le temps de jouer la dernière scène. Cette panique des rois enfanta la Sainte-Alliance : le nouveau pacte de l'Europe contre la France naquit du despotisme et de la peur.

J'y songe, mes enfants : que fait donc Marie-Louise, qui est à Vienne avec son fils le roi de Rome ? A quoi pense-t-elle, en entendant l'écho d'une chaîne que l'on brise, le bruit mystérieux de la chaîne impériale que vient de briser Bonaparte ? Marie-Louise renie l'Empereur; Marie-Louise en appelle à la justice, à la protection des alliés ; Marie-Louise est infidèle à la gloire, en attendant qu'elle soit infidèle à la vertu ; Marie-Louise se prend à rire des conseils généreux de sa grand'mère, la reine de Sicile, une vieille ennemie de Napoléon, qui ose dire à son ingrate petite-fille : « A ta place, j'attacherais à ma fenêtre les draps de mon lit, pour m'échapper et le rejoindre. » Ne parlons plus de Marie-Louise; aussi bien, la voilà depuis trente ans ensevelie dans sa honte !

Mes enfants, cessez de pleurer au souvenir des adieux de Fontainebleau : Napoléon n'est plus à l'île d'Elbe! Napoléon a trompé la surveillance des Anglais, comme à son fameux retour d'Égypte! Napoléon est entré dans le golfe Juan ! Napoléon n'a point de soldats, et il menace l'Europe! Napoléon se proclame encore, dans les titres de son autorité nouvelle : par la grâce de Dieu et des constitutions de l'Empire, Empereur des Français!

Le 1er mars 1815, en touchant la terre de France, Napoléon écrivit la lettre suivante à un de ses plus braves généraux :

« Cambronne, tu vas commander l'avant-garde de ma « plus belle campagne; tu iras en avant, toujours en avant; « souviens-toi que je ne veux pas que ma couronne me coûte « le sang d'un seul Français! »

Napoléon écrivit aussi, pour le peuple et pour l'armée qu'il appelait à son aide, une proclamation dont la sublime éloquence devait enivrer toute la nation :

« Amis, s'écriait le noble Empereur, nous n'avons pas été « vaincus; deux hommes sortis de nos rangs ont trahi nos

« lauriers, leur pays, leur bienfaiteur, leur prince. Soldats !
« dans mon exil, j'ai entendu votre voix ; je suis arrivé à tra-
« vers tous les obstacles et tous les périls. Votre général,
« appelé au trône par le choix du peuple et élevé sur vos
« pavois, vous est rendu : venez le joindre ! Arrachez ces
« couleurs que la nation a proscrites, et qui, pendant vingt-
« cinq ans, servirent de ralliement à tous les ennemis de la
« France ; arborez cette cocarde tricolore : vous la portiez
« dans nos grandes journées ! Qui donc prétend devenir
« maître chez nous ? Reprenez ces aigles que vous aviez à
« Ulm, à Austerlitz, à Iéna, à Eylau, à Friedland, à Tudela,
« à Eckmull, à Essling, à Wagram, à Smolensk, à la Mos-
« kowa, à Lutzen et à Montmirail !

« Les vétérans des armées de Sambre-et-Meuse, du Rhin,
« d'Italie, d'Égypte, de l'Ouest, de la Grande-Armée, sont
« humiliés ; leurs honorables cicatrices sont flétries ; leurs
« succès seraient des crimes si, comme le prétendent les
« ennemis du peuple, les souverains légitimes étaient au
« milieu des armées étrangères. Les honneurs, les récom-
« penses, les affections sont pour ceux qui les ont servis
« contre la patrie.

« Soldats ! venez vous ranger sous les drapeaux de votre

« chef; son existence ne se compose que de la vôtre; ses
« droits ne sont que ceux du peuple; son intérêt, son hon-
« neur, sa gloire, ne sont autres que votre intérêt, votre
« honneur et votre gloire.

   « Dans votre vieillesse, vos concitoyens vous entendront
« avec respect raconter vos hauts faits; vous pourrez dire
« avec orgueil : Et moi aussi, je faisais partie de cette Grande-
« Armée qui est entrée deux fois dans les murs de Vienne,
« dans ceux de Berlin, de Madrid, de Moscou, qui a délivré
« Paris de la souillure que la trahison et la présence de l'en-
« nemi y avaient empreinte. Soldats, la victoire mar-
« chera au pas de charge; l'aigle, avec les couleurs natio-
« nales, va voler de clocher en clocher jusqu'aux tours de
« Notre-Dame! »

L'aigle prit son vol, mes enfants, et Napoléon se mit en
route, les yeux tournés vers l'oiseau impérial, qui s'arrêta
bientôt sur le clocher de Gap, sur le clocher de Saint-Bon-
nest, où le frémissement de ses ailes fit tressaillir le beffroi;
l'aigle n'osa point s'arrêter sur le clocher de Sisteron : il de-
meura tout près de son maître, jusqu'à l'approche d'un
bataillon de Grenoble qui venait s'opposer à la marche

Retour de l'île d'Elbe.

de l'Empereur ; Napoléon, suivi de sa **garde**, s'avança résolument à la rencontre de ces ennemis, qui étaient des Français ; il donna l'ordre à ses soldats de faire une halte et de porter l'arme sous le bras ; et lui, mes enfants, il marcha droit au bataillon de Grenoble, sans **suite**, sans escorte, dans toute la majesté **de sa** gloire et de son génie ; il découvrit sa poitrine, en disant aux **huit** cents hommes qui devaient le combattre :

— S'il en est un seul parmi vous qui veuille tuer son général, son **Empereur**, il le peut aisément... le voici !

Le bataillon tout entier cria *Vive l'Empereur !* Le drapeau blanc fut remplacé par les couleurs nationales ; il n'y eut, à Sisteron, que huit cents Français de plus, et l'aigle impérial se mit à planer tour à tour sur les soldats de Grenoble et sur les grenadiers de l'île d'Elbe.

L'aigle alla se poser sur le clocher de Visille, au bruit des applaudissements et des acclamations populaires : Visille avait vu naître, en 1789, la Révolution française ; elle saluait, en 1815, l'indépendance nationale.

Le colonel Labédoyère accourut au-devant de Napoléon avec le 7ᵉ régiment de ligne, et l'aigle ne tarda point à s'abattre sur un des clochers de Grenoble. Au seul aspect de l'oiseau impérial, le peuple se précipita sur les remparts de la ville pour en ouvrir les portes à l'Empereur, en disant de sa voix la plus généreuse : Tiens, sire, au défaut des clefs de Grenoble, en voici les portes!

Et les portes de Grenoble furent brisées.

A Lyon, même repos de l'aigle sur un clocher, même enthousiasme chez le peuple, même triomphe pour Napoléon. A Lyon, mes enfants, l'Empereur commença véritablement à gouverner de nouveau la France : il donna la croix d'honneur à un garde national qui seul, parmi ses camarades, avait eu le courage de suivre le comte d'Artois jusqu'à la dernière heure du danger; il écrivit à l'Impératrice : *Je suis remonté sur le trône;* il écrivit à son frère Joseph : *Le peuple m'a rendu ma couronne;* faisons comme le peuple, mes enfants, et crions *Vive l'Empereur!*

L'aigle reprit son vol à travers la France, pour ne plus s'arrêter que sur le clocher de Fontainebleau et sur les tours de Notre-Dame. L'apparition soudaine, incroyable, merveilleuse de l'oiseau impérial mit en fuite la royauté de Louis XVIII, et le 20 mars 1815, à neuf heures du soir, le peuple parisien porta dans ses bras l'empereur Napoléon jusque sur le trône des Tuileries.

Hélas! mes enfants, le triomphe de l'Empereur ne fut pas de longue durée : la guerre, toujours la guerre contre la coalition des rois de l'Europe! On ne vit plus, en France, du soir au lendemain, que des armées nouvelles qui se formaient comme par enchantement, des corps de partisans qui s'organisaient en un clin d'œil, des batteries que l'on faisait marcher dans toutes les directions, des départements qui se levaient en masse, des bouches à feu que l'on plaçait sur les hauteurs de Paris, des villes que l'on fortifiait à la hâte, des gardes nationaux qui prenaient les armes, des marins qui se préparaient à combattre sur terre, des vieillards qui parlaient à leurs petits-fils de la gloire de leur jeunesse, et de pauvres mères qui pleuraient d'avance leurs enfants.

A peu près à cette époque, Joachim Murat, le roi de Naples, qui avait trahi Napoléon par faiblesse et par vanité, essaya de reconquérir son honneur en déclarant la guerre à l'Autriche, dans l'intérêt de l'indépendance italienne. Une pareille tentative ne fut utile ni à l'Empereur des Français, ni au roi de Naples ; mais, du moins, le beau-frère de Napoléon se releva glorieusement de sa chute honteuse : il mourut les armes à la main, en soldat et en roi.

Près de partir de Paris pour livrer une bataille suprême, l'Empereur voulut présider, le 1ᵉʳ juin 1815, à la cérémonie religieuse du *Champ de Mai*. Debout sur un trône, devant la façade de l'École Militaire, Napoléon parla tour à tour au peuple et à l'armée; ensuite il se dépouilla du manteau impérial, pour aller s'agenouiller au pied d'un autel immense qui s'élevait au milieu du Champ-de-Mars : la solennelle gravité de l'Empereur avait à la fois quelque chose de triomphal et de funèbre. Il prêta serment de fidélité aux constitutions de l'Empire, et ce serment fut répété par les électeurs, qui représentaient la nation; par le ministre de la Guerre, qui représentait l'armée; par le ministre de l'Intérieur, qui représentait les gardes nationales. Ce ministre de l'Intérieur, c'était Carnot; le vieux républicain ne trahissait la République, en faveur de l'Empire, que pour défendre la France.

Les troupes défilèrent dans le Champ-de-Mars, au pas de charge, comme s'il se fût agi pour elles de marcher déjà sur un champ de bataille. Le peuple se pressait autour des bataillons sacrés de la vieille et de la jeune garde; on se disait, en les saluant, en les admirant, en les remerciant des prodiges nouveaux qu'ils allaient faire : Les verrons-nous encore ? — Non, mes enfants, le peuple ne doit plus les voir : *la garde meurt et ne se rend pas!*

Le plan de campagne de l'Empereur était une merveille ; mais le génie avait compté sans le hasard, sans la faiblesse et sans la trahison : le hasard s'appelle Blücher, et la faiblesse Grouchy ; la trahison se nomme Bourmont.

Le 15 juin, Napoléon passa la Sambre, et la campagne s'ouvrit par la déroute des Prussiens, qui furent repoussés jusqu'à Fleurus ; le lendemain, la bataille de Ligny coûta plus de trente mille hommes à l'armée anglo-prussienne ; enfin, le 18 juin 1815, eut lieu la bataille de Waterloo !

La bataille de Waterloo, mes enfants, c'est une défaite héroïque, aussi belle, aussi glorieuse que la plus éclatante victoire de Napoléon : l'Europe fut vaincue deux fois dans cette grande journée ; à sept heures du soir, l'Empereur était encore maître du champ de bataille, après avoir réparé, à force de courage et de génie, bien des fautes qui n'étaient pas les siennes ; à sept heures du soir, mes enfants, les Anglais, les Prussiens, les Hollandais, les Saxons, tous nos ennemis fuyaient dans un épouvantable désordre sur la route de Bruxelles ; l'Empereur n'attendait plus que le corps du général Grouchy pour solenniser une nouvelle victoire ;

à huit heures, Napoléon s'écria : *Enfin, voilà **Grouchy**!* Il se trompait, mes enfants : ce n'était que Blücher, qui arrivait avec quatre-vingt-dix mille hommes; Blücher, un général septuagénaire, sans talent, sans volonté, sans idée; c'était Blücher, et la bataille de Waterloo allait être perdue! Un poëte l'a dit, mes enfants :

C'est alors que sonna cette heure solennelle
Que Dieu marqua du doigt sur l'horloge éternelle;
Alors se révéla cette terrible loi
Dont l'homme cherche en vain l'insoluble pourquoi,
Cette loi qui prescrit, sans le retard d'une heure,
Qu'un monarque s'éteigne et qu'un empire meure.
Le soir on vit paraître, à l'horizon lointain,
Un Blücher, un vieillard, prête-nom du destin;
Le ciel laissa tomber un atome de sable
Sur le géant que tous jugeaient impérissable :
L'aigle, sans Dieu, perdant son foudre accoutumé,
S'abîma dans la nue, et tout fut consommé!

Oui, mes enfants, la dernière heure de l'Empire était venue : les clartés mourantes du soleil illuminèrent les prodiges suprêmes de l'armée française; un cri funeste, un cri nouveau pour les soldats de Napoléon, le cri d'un traître sans doute, se fit entendre : *Sauve qui peut!* Les cavaliers ennemis inondèrent aussitôt le champ de bataille, et la nuit ajouta quelque chose d'horrible au désordre, à la déroute de la Grande Armée; l'Empereur mit l'épée à la main, pour mourir dans un carré de la garde... mais les grenadiers l'emportèrent, en lui disant avec des larmes : Sire, la mort ne veut pas de vous! La retraite de l'armée française ressembla bientôt à un pêle-mêle épouvantable où l'héroïsme trouvait encore une place magnifique : on mourait en pleurant sur la patrie; on mourait en criant : *Vive l'Empereur!* On mourait à chaque pas, mes enfants, en répondant par des jurons sublimes aux cris de victoire, aux insultes et aux menaces des étrangers! L'Europe coalisée eut enfin le sanglant et difficile honneur de coucher sur un champ de bataille où avait passé, où avait combattu l'empereur Napoléon. Les quatre journées de cette immortelle et désastreuse campagne coûtèrent à la France quarante mille hommes. Que de blessés, que de morts, que de glorieuses victimes, mes enfants!...

On dit qu'en les voyant couchés dans la poussière,
D'un respect douloureux saisi par tant d'exploits,

L'ennemi, l'œil fixé sur leur face guerrière,
Les regarda sans peur pour la première fois.

« Waterloo! Waterloo! s'écriait Napoléon à Sainte-Hélène, journée incompréhensible! concours de fatalités inouïes! singulière défaite où, malgré la plus affreuse catastrophe, la gloire du vaincu n'a pas souffert, et où la gloire du vainqueur n'a rien gagné : la mémoire de l'un survivra à sa destruction; la mémoire de l'autre s'ensevelira peut-être dans son triomphe! On en parlera longtemps, et la postérité me rendra justice! »

Le 22 juin, l'Empereur signa sa nouvelle abdication au palais de l'Elysée; il réclama du gouvernement provisoire l'honneur de servir encore son pays, avec le simple titre de général; le traître Fouché ne permit pas à Napoléon de redevenir Bonaparte. Le 15 juillet, l'Empereur écrivit au prince régent d'Angleterre, pour lui demander une place à l'ombre de l'hospitalité et de la liberté anglaises :

« Altesse Royale, disait l'illustre proscrit, en butte aux
« factions qui divisent mon pays et à l'inimitié des plus
« grandes puissances de l'Europe, j'ai terminé ma carrière

« politique, et je viens m'asseoir au foyer du peuple bri-
« tannique. »

L'Empereur était à Rochefort quand il écrivit cette lettre ;
quelques jours plus tard il rédigeait, à bord du *Bellérophon*,
la protestation suivante :

« **Je** proteste à la face du ciel et des hommes contre la
« violence qui m'est faite, contre la violation de mes droits
« les plus sacrés, en disposant, par la force, de ma personne
« et de ma liberté. Je ne suis pas le prisonnier, je suis l'hôte
« de l'Angleterre ; la foi britannique se trouvera perdue
« dans l'hospitalité du *Bellérophon*. J'en appelle à l'histoire :
« elle dira qu'un ennemi, qui fit pendant vingt ans la guerre
« au peuple anglais, vint librement, dans son infortune,
« chercher un asile sous ses lois ; on feignit de tendre une
« main hospitalière à cet ennemi, et quand il se fut livré,
« on l'immola ! »

Le 7 août, l'Empereur s'embarqua à bord du *Northum-*
berland, qui devait le conduire à Sainte-Hélène ; ses compagnons d'exil étaient les généraux Bertrand, Montholon,
Gourgaud et le comte de Las Cases.

Le capitaine et l'équipage anglais avaient reçu l'ordre de
ne donner à l'Empereur déchu que le titre de général ; Napo-

léon disait, à ce propos, à l'amiral Cockburn : « Qu'ils m'ap-
pellent comme ils voudront... ils ne m'empêcheront jamais
d'être moi ! »

Le 17 août, au cap de la Hogue, l'Empereur s'écriait sur le
pont du vaisseau, sur cette espèce d'échafaud qui marchait :
« Adieu, terre des braves ! adieu, chère France ! quelques
« traîtres de moins, et tu serais encore la grande nation et
« la maîtresse du monde ! »

XXVI

es enfants, près de s'ensevelir tout vivant dans le tombeau de Sainte-Hélène,
l'Empereur aperçut un jour, en pleine
mer, au bout de sa lunette, je ne sais
quel tourbillon de fumée qui ressemblait à un nuage ; la fumée ou le nuage

laissa tomber tout à coup du feu, des flammes, des étincelles.

— Qu'est-ce que ce singulier météore ? demanda Napoléon.

— Ce n'est point un météore, lui répondit le capitaine ; ou
plutôt, c'en est un peut-être, puisqu'il s'agit d'un phéno-
mène.... C'est un bateau à vapeur.

— Un bateau à vapeur ?....

— Oui, un des bateaux à vapeur que Fulton a fait construire aux États-Unis ; avec une semblable machine, on
ne voyage plus.... l'on arrive.

L'Empereur se souvint aussitôt d'un mémoire qu'il avait
reçu autrefois au camp de Boulogne, et qui était l'œuvre
d'un ingénieur américain nommé Fulton. Il baissa tristement la tête ; il ferma les yeux, comme pour se recueillir
dans la contemplation mystérieuse des grandes choses qu'il
avait perdues par la faute de ses conseillers et de ses
ministres : la fumée qu'il venait d'apercevoir à l'horizon
représentait sans doute à la pensée du grand homme des
ennemis de vingt ans qu'il aurait pu abattre, le monde
tout entier qu'il aurait pu conquérir. La fumée d'une chau-
dière était, en ce moment, une espèce de mirage où Na-

poléon se prit à contempler, mais trop tard, le spectacle de la monarchie universelle.

L'Empereur rêva tout éveillé : il partit du camp de Boulogne avec des milliers de bateaux à vapeur; il fit une descente en Angleterre; il gagna contre les Anglais une bataille gigantesque; il arbora le drapeau impérial sur la tour de Londres; il saisit les clefs de Westmenster, et il les jeta dans la Tamise en s'écriant : « Il n'y a plus d'Angleterre! »

Le rêve continua, mes enfants : une fois maître de la Grande-Bretagne, l'Empereur résolut de conquérir l'Égypte, afin de venger Kléber et Bonaparte; il s'empara de Saint-Jean-d'Acre et de Damas; il fit couper l'isthme de Suez pour en faire un détroit; il marcha jusqu'à Jérusalem, et il détruisit la religion de Mahomet, au pied du sépulcre de l'Homme-Dieu; ensuite, il s'en alla visiter les ruines de Palmyre et de Babylone; et pour que rien ne manquât à la domination napoléonienne, l'Empereur voulut imposer au Céleste Empire de la Chine une vingt-deuxième dynastie, une dynastie occidentale, la dynastie de Napoléon; l'Empereur revint en Europe, en France, à Paris, après avoir conquis en passant je ne sais plus quels continents, quelles mers, quelles îles.... Et la monarchie universelle était fondée!

Mes enfants, le monarque universel ne se réveilla qu'à Sainte-Hélène.

L'histoire de la captivité, de l'agonie et de la mort de Napoléon, à Sainte-Hélène, doit avoir trois pages ou trois volumes; je tâcherai de vous la raconter en peu de mots; je pleurerai en vous parlant, et l'histoire sera complète.

Mes enfants, partout où les fleurs sont étiolées, l'homme ne peut pas vivre : les fleurs se désolent dans l'île Sainte-Hélène, et l'Empereur comprit bien vite qu'il ne tarderait pas à y mourir.

Le nouveau palais de Napoléon à Longwood était une bicoque horrible, qui avait servi de grange à des marchands de la Compagnie des Indes. Le gardien, le geôlier, le bourreau de Longwood, vous le connaissez déjà.... tout le monde le connaît : il se nomme Hudson-Lowe! En le voyant pour la première fois, après le départ de l'amiral Cockburn, Napoléon disait à ses amis, à ses compagnons d'infortune : « Il est hideux; je m'attends à tout de la part de cet homme... il me tuera ! »

Les tortures mystérieuses des cachots de Venise, les forteresses sépulcrales de l'Allemagne, les steppes ensanglantées de la Russie sibérienne, les épreuves mystiques de l'inquisition espagnole, — eh bien ! tout cela ressemble à un lit de roses lorsque l'on se prend à juger, à distance, toutes les horreurs gratuites, les cruautés luxueuses, les froides vengeances imaginées par sir Hudson-Lowe contre l'empereur Napoléon. La prison de Sainte-Hélène, mon Dieu ! imaginez un gouffre, un abîme.... imaginez un supplice perpétuel, qui vous empêche de mourir et qui vous empêche de vivre... imaginez l'enfer du Dante tout entier, mais l'enfer avec une espérance.... l'espérance d'être fusillé par une sentinelle anglaise, ou empoisonné par un assassin anglais !

Il faut que je vous parle de la punition la plus affreuse, de l'humiliation la plus cruelle infligée à notre pauvre Empereur : je veux parler du regard, du geste et de la parole de l'agent officiel chargé de représenter, à Sainte-Hélène, la puissance de S. M. Britannique. Dur, brutal, insolent, goguenard, cet homme insultait chaque jour à la résignation sublime de son prisonnier; dans son épouvantable pensée, Sainte-Hélène devait ressembler à un enfer sur terre, et il traitait l'illustre captif à la manière de Satan lorsqu'il torture les damnés! Il y avait à la fois, dans cet Anglais d'homicide mémoire, quelque chose du soldat, du matelot, du viveur, du porte-clefs, du gentilhomme et

du bourreau ; jetez ce misérable-là sur le rocher de Sainte-
Hélène, sur le ponton océanique de notre Empereur, et il
immortalisera tout simplement, tout honteusement, le nom
de sir Hudson Lowe !

Mes enfants, voulez-vous entendre sir Hudson Lowe ? Il
disait à M. de Montholon : « Puisqu'il faut des arbres à votre
maître, j'en planterai. » Il disait, à propos du fils de M. de
Las-Cases, que l'on voulait envoyer en Europe parce qu'il
était dangereusement malade : « Eh ! mon Dieu ! que fait la
mort d'un enfant à la politique ? » Il disait, en parlant de
Napoléon : « Le patient ! »

Le pauvre patient fut bien torturé, tué bien longtemps
par le bourreau : durant six longues années, on lui mesura
l'eau, l'air et la terre ; je ne suis pas bien sûr, mes enfants,
que l'ancien maître du monde n'ait pas eu soif, n'ait pas eu
faim, à la geôle de Sainte-Hélène ; vous en jugerez par cette
réponse de l'Empereur à sir Hudson-Lowe : « Si j'ai faim, les
soldats qui me gardent prendront pitié de moi ; j'irai m'asseoir à leur table, et ils ne repousseront pas, je l'espère, le
premier, le plus vieux soldat de l'Europe. »

Quelle honte ! Le gouverneur-geôlier de Sainte-Hélène
trouvait que Napoléon coûtait trop cher à l'Angleterre !

Vous le savez, mes enfants, l'Empereur avait conservé, dans la solitude horrible de son exil, quelques amis fidèles qui s'étaient faits les courtisans du malheur : sir Hudson Lowe renvoya M. de Las-Cases en Europe, sous le prétexte d'une lettre insignifiante, confiée à un voyageur français ; le général Gourgaud ne tarda point à partir, à demi tué par le climat de l'île et par l'infatigable cruauté du gouverneur ; le chirurgien O'Méara reçut l'ordre de retourner en Angleterre ; O'Méara était pourtant un Anglais, mais il avait le cœur d'un homme ; Bertrand, Marchand et Montholon obtinrent seuls le triste et grand honneur de veiller encore sur leur glorieux maitre.

C'est à Longwood que la femme du général Bertrand disait à l'Empereur, en lui présentant son plus jeune fils, né à Sainte-Hélène : *Sire, voilà le premier Français qui soit entré dans l'ile, sans la permission du gouvernement anglais !* Mot charmant que je voudrais avoir trouvé, d'abord parce qu'il est joli, ensuite parce qu'il est adressé à Napoléon, enfin parce qu'il a tout à la fois de l'originalité, de l'esprit et du dévouement.

Napoléon n'oublia point à Sainte-Hélène la promesse qu'il avait faite à Fontainebleau : il écrivit ou il dicta l'histoire des grandes choses réalisées par l'Empereur et par l'Empire; le *Mémorial* de M. de Las-Cases, le livre d'O'Méara, l'ouvrage du docteur Antomarchi, sont en même temps une histoire, un roman et un poëme admirables.

A la fin, mes enfants, Dieu prit en pitié notre pauvre Empereur; le vautour de Sainte-Hélène avait dévoré le cœur tout entier du nouveau Prométhée : sir Hudson Lowe n'avait plus rien à faire; il permit à l'Empereur de se résigner et de mourir.

Le 17 mars 1821, Napoléon, à demi couché sur son lit de douleur, s'écriait en regardant le ciel : « Il y a six ans, à pareil jour, j'étais à Auxerre, je revenais de l'île d'Elbe; il y avait des nuages au ciel.... Ah! je serais guéri, si je voyais ces nuages ! »

Le 10 avril, il murmurait, en songeant aux rois de l'Europe : « Mon Dieu ! pourquoi ne m'ont-ils pas fait fusiller? j'aurais eu du moins la mort d'un soldat! Les lâches... ils aiment mieux me voir souffrir !

Le 19, il disait à ses compagnons : « Je me meurs; quand je serai mort, chacun de vous aura le bonheur de revoir l'Europe, ses parents, ses amis : moi, je reverrai mes braves dans l'autre monde... Oui, Kléber, Desaix Bessières;

« Je lègue l'opprobre de ma mort à la famille régnante
d'Angleterre ! »

Duroc, Lannes, Ney, Murat, Berthier, Masséna... tous viendront à ma rencontre, et en me voyant, ils deviendront
fous d'enthousiasme et de gloire ! Nous causerons de nos
guerres, avec les Scipions, les Annibal, les César, pourvu
que l'on ne craigne pas là-bas de voir tant de guerriers,
tant de grands hommes ensemble. »

Le même jour, il dictait au général Bertrand un codicille
qui allait donner aux Anglais le bénéfice d'un horrible héritage : « Je lègue l'opprobre de ma mort à la maison régnante d'Angleterre ! »

Le 21, il disait au docteur Antomarchi : « Je ne suis ni
philosophe ni médecin; n'est pas athée qui veut : ma mort
sera celle d'un chrétien. »

Le 28, il disait encore à son médecin : « Vous irez à
Rome, docteur; vous direz aux miens que le grand Napoléon est expiré sur ce rocher, dans l'état le plus déplorable, manquant de tout, abandonné à lui-même et à sa
gloire ! »

Le 2 mai, il souffrit beaucoup, mes enfants, et il n'oublia parfois ses souffrances qu'en regardant le portrait de
son fils.

Le 5 mai 1821, des paroles confuses, des mots entrecoupés s'échappèrent de ses lèvres tremblantes ; il exhala un profond soupir ; il voulut parler… mais sa voix s'éteignit tout à fait ; il vivait encore… mais il allait mourir ! on pleurait déjà, on sanglotait aux pieds de l'Empereur, et de saintes femmes qui appartenaient à la religion de la gloire se mirent à prier pour l'auguste martyr !

En ce moment-là, mes enfants, un léger bruit, un bruit mystérieux se fit entendre dans la chambre mortuaire : les génies bienfaisants, les fées secourables qui avaient présidé, le 25 août 1769, à la naissance du noble enfant d'Ajaccio, venaient recevoir le dernier soupir de l'illustre prisonnier de Sainte-Hélène. Elles dirent à l'homme qu'elles avaient fait si grand :

— J'ai tenu ma promesse : tu as été général, tu as conquis l'Italie et l'Égypte, à vingt-sept ans.

— J'ai tenu ma promesse : tu as été consul, c'est-à-dire le premier citoyen d'une grande nation.

— J'ai tenu ma promesse : tu as été empereur.

— J'ai tenu ma promesse : tu as rétabli en France l'ordre, la justice et la religion.

— J'ai tenu ma promesse : tu as été le protecteur généreux des arts, des sciences et de l'industrie.

— J'ai tenu ma promesse : tu as été l'ami des peuples et le roi des rois.

— J'ai tenu ma promesse : tu as été le maître de l'Europe.

— J'ai tenu ma promesse : tu as été grand comme le monde !

Cette fois encore, une impitoyable fée, celle qui ressemblait, le 15 août 1769, à la vieille reine d'Angleterre Élisabeth, s'approcha de Napoléon, et lui dit en souriant d'une façon horrible :

— J'ai tenu ma promesse : adieu, Prométhée !

L'Empereur releva la tête, mes enfants ; il entr'ouvrit encore les yeux ; il chercha, il menaça, du regard, je ne sais quels ennemis invisibles, et il expira en murmurant : « Une armée ! une armée ! »

Sans doute, il évoquait la Grande Armée de l'Empire, pour combattre encore l'Angleterre !

L'Empereur est mort : priez pour la France, mes enfants ! l'Empereur est mort : ô gloire, quel veuvage ! la gloire est encore veuve, mes enfants ; elle n'a point, à l'exemple de Marie-Louise, donné dans ses bras un successeur à Napoléon !

Près de mourir, l'Empereur légua sa fortune à ses amis.

son épée à son fils, la mémoire de sa vie glorieuse à la France, l'opprobre de sa mort à l'Angleterre, ses dépouilles mortelles à la grande ville française, à la ville de Paris : les amis de l'Empereur ont recueilli son modeste héritage ; le roi de Rome n'a pas eu le temps de porter l'épée de son père ; la France est toute remplie du souvenir, du nom, de la gloire de Napoléon ; les Anglais ont subi, bon gré mal gré, la honte du testament de Sainte-Hélène ; Paris a reçu, tôt ou tard, mes enfants, sa grande part d'honneur dans la succession impériale : l'Empereur repose enfin sur les bords de la Seine, au milieu de ce peuple qu'il a tant aimé !

Mes enfants, nous irons demain aux Invalides, et nous rendrons grâces à Dieu ! Nous irons adorer le saint sépulcre de la gloire, et nous dirons avec un poëte qui sait parfois chanter les gloires nationales, quoiqu'il ne se nomme pas Béranger :

> Sainte-Hélène ! — leçon ! chute ! exemple ! agonie !
> L'Angleterre, à la haine épuisant son génie,
> Se mit à dévorer ce grand homme en plein jour ;
> Et l'univers revit ce spectacle homérique :
> La chaîne, le rocher brûlé du ciel d'Afrique,
>   Et le Titan — et le vautour !

Sire, vous reviendrez dans votre capitale,
Sans tocsin, sans combat, sans lutte et sans fureur,
Traîné par huit chevaux sous l'arche triomphale,
      En habit d'empereur.

Par cette même porte, où Dieu vous accompagne,
Sire, vous reviendrez sur un sublime char,
Glorieux, couronné, saint comme Charlemagne
      Et grand comme César!

Sur votre sceptre d'or, qu'aucun vainqueur ne foule,
On verra resplendir votre aigle au bec vermeil,
Et sur votre manteau vos abeilles en foule
      Frissonner au soleil.

Paris sur ses cent tours allumera des phares;
Paris fera parler toutes ses grandes voix:
Les cloches, les tambours, les clairons, les fanfares
      Chanteront à la fois.

Joyeux comme l'enfant quand l'aube recommence,
Ému comme le prêtre au seuil du lieu sacré,
Sire, on verra vers vous venir un peuple immense,
      Tremblant, pâle, effaré.

Peuple qui sous vos pieds mettrait les lois de Sparte,
Qu'embrase votre esprit, qu'enivre votre nom,
Et qui flotte, ébloui, du jeune Bonaparte
          Au vieux Napoléon !

Une nouvelle armée, ardente d'espérance,
Dont les exploits déjà sèmeront la terreur,
Autour de votre char crira : — Vive la France !
          Et vive l'Empereur !

Les poëtes divins, élite agenouillée,
Vous proclameront grand, vénérable, immortel,
Et de votre mémoire, injustement souillée,
          Redoreront l'autel.

Vous serez pour tout homme une âme grande et bonne,
Pour la France un proscrit magnanime et serein,
Sire, et pour l'étranger, sur la haute colonne,
          Un colosse d'airain !

Les nuages auront passé dans votre gloire ;
Rien ne troublera plus son rayonnement pur ;
Elle se posera sur toute notre histoire
          Comme un trône d'azur !

Sire! en ce moment-là, vous aurez pour royaume

Tous les fronts, tous les cœurs qui battront sous le ciel;

Les nations feront asseoir votre fantôme

    Au trône universel!

TABLE DES CHAPITRES

-->-<@@-o-

PLACEMENT DES VIGNETTES

DE

L'HISTOIRE DE NAPOLÉON

RACONTÉE AUX ENFANTS PETITS ET GRANDS